Self Awakening

エナの超シンプルな生き方

STEP2 〜悟り〜その先の真実へ〜

Uchiyama Ena
内山エナ

ヒカルランド

生きるというのは
「平和な心で今に１００％の意識を向け、この
世界を正しく視て愛と感謝で在り続けること」
だとわたしは思っています。

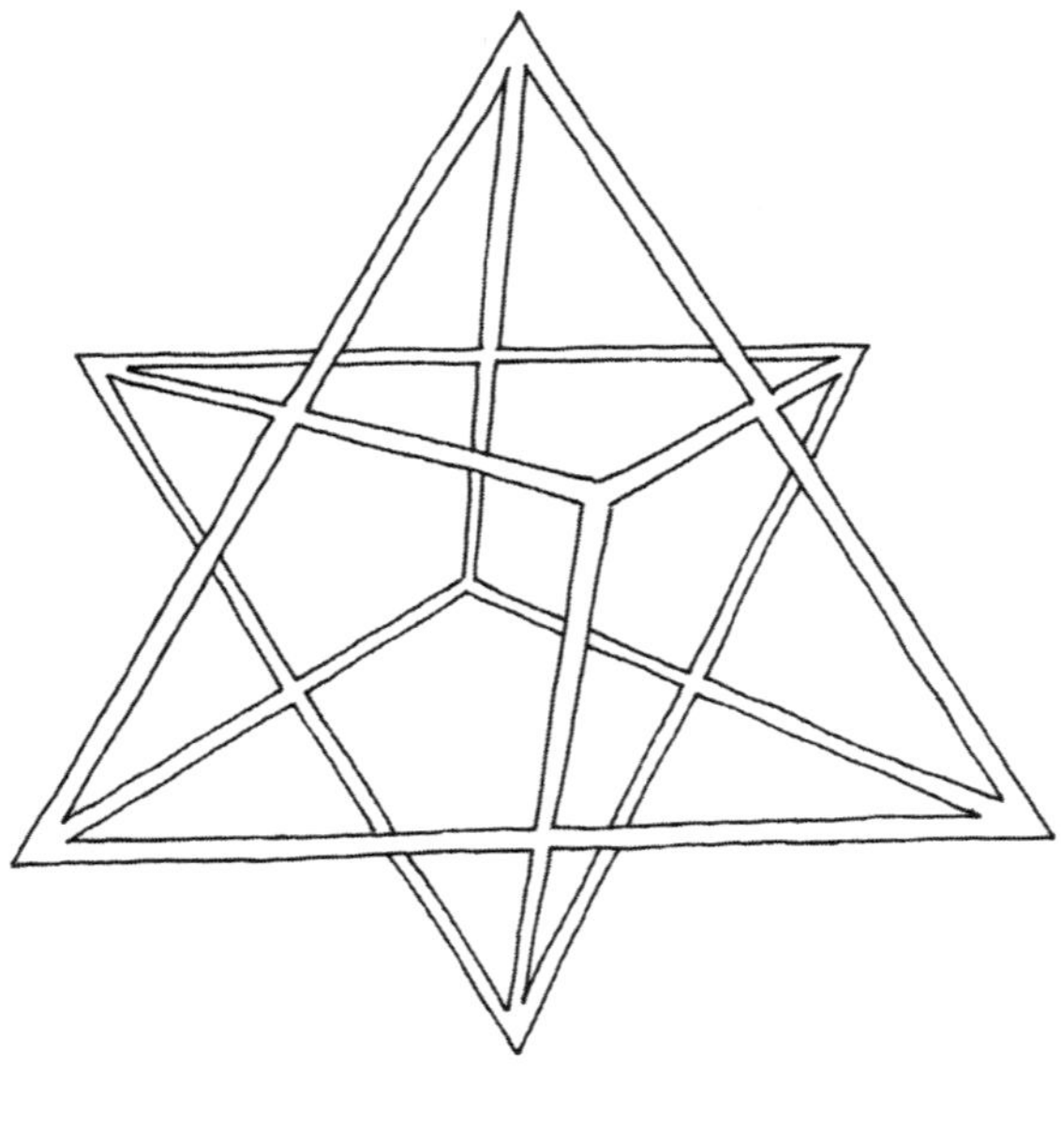

はじめに

ステップ2をお手にとってくださりありがとうございます。

しっかりと土台を築くことで、ここからさらに加速していきます。

セルフ・アウェイク（自覚）していくことで、あなたがご自身で真実を導き出されますように。

そうして「統合」のその先で**純粋な愛に基づいた平和なあなた**として存在されますように。

contents

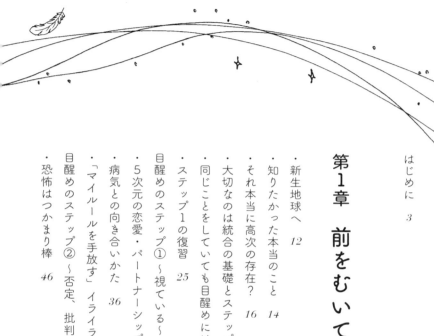

第2章 自分の道をいく

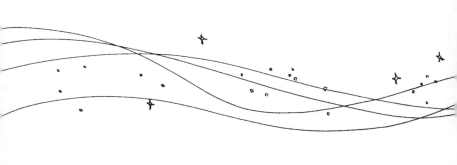

第3章　シンプルに何も考えず

第4章 愛と調和の世界へ

第5章　目醒めて生きる

〜悟り〜その先の真実へ〜

装丁　三瓶可南子
カバー写真　hanabusa
本文イラスト　大野まみ
校正　鷗来堂

前をむいてあるこう

◆新生地球へ

人間として細分化した感情は、限界を越え、地球で生きる魂の家族が憎しみあい殺し合いを起こすまでになりました。


源という一つの意識を共有するわたしたちが、肌の色、考え方の違い、習慣の違いで差別をする、されるという無意味なことはもう終わりにする時です。

これまでのやり方で誰が平和になりましたか？

世界の平和を望むならば、もうこのやり方を終わりにする時です。

あなたは自分のハートにだけ意識を向けてください。

そうして、あなたの中に愛、調和、平和があることを思い出してください。

この世界には愛を見失った愛の対極にいる人たちがいます。

あなたはその人たちの力を信じて、ただ純粋な愛を送ってください。

２０２０年からのキーワードは無条件の愛。

無条件の愛が新生地球のエネルギーです。

あなたは自分の中の闘いを終わりにしてください。

あなたの小さなイライラが、小さな不安が、小さな恐怖が、ある時、急性増悪に加速して広がって、その先で闘いになっていきます。

世界の平和は一人が平和になることから始まります。

統合を起こして感情を整えて、あなたはより高い自分へと一致するために「表現」をしてください。

誰かから聞きかじったものでも、何かの本から引用したものでも憶えたものでもなく、あなたが腹落ちしたこと、あなたが自分で気付き、あなたが表現する。

これが光の波紋のように広がっていくのです。

魂の自立は「完全に自分を取り戻すこと」「自分の中の豊かさに気付くこと」「すべてが既に完全だったと知ること」「すべてが愛から生まれたと想い出すこと」です。

統合を通して魂が完全に自立していくためには、自分で気付き続けるしかないのです。

あなたの気付きはあなたの宝です。

その気付きがあれば迷いも、後戻りもありません。

◆知りたかった本当のこと

30年以上、現実世界をさまよい、わたしは自分の心の居場所がありませんでした。進学をしても、就職をしても、友人といても、恋愛をしても、結婚をしてもそこにわたしの欲しい答えはありません。

わたしはどこにも本当に知りたい「何か」の答えを見出すことができませんでした。誰かに何かに振り回されて、いつもわたしの世界は殺伐《さつばつ》としていました。とても長い時間、わたしはただ友人と過ごし、仕事をし、趣味をして、なんとか現実に楽しみを見出そうとしていました。

人並みに勉強も頑張りました。就職をしてからも、なんとか成果を上げようと頑張りました。

なりたい職業もしたい仕事もないのに、限られた世界で自分を取り繕っていました。人からすごいと言われたくて、認められたくて努力もしました。

けれど、その中でも何も見つけられませんでした。

スピリチュアルという世界を知ってからは、何冊かの本を購入しました。

本にあるように「ありがとう、感謝しています」とアファーメーションを唱えたり、「ソウルメイト、ソウルフレンド、アチューメント、天使、龍」という王道のスピリチュアルにも触れましたが、まだ本当に知りたいことを見つけられずにいました。

「真実が知りたい」

でも、何を探し求めているのかは自分でもわかりませんでした。

それから何年かして「統合」に出会いました。

わたしが知りたかったすべては「統合の中」にあったのです。
散り散りになった感情を一つに整え続け、その先に何かがあるのかもしれないと心が震えました。
「本質」「真実」「自分軸」「真理」「悟り」
統合は自覚しながら「本当の自分」を取り戻していきます。

そうして現実を生きながら、どこまでも神聖さを求め、自分の手で真実を知ることができるのです。


「わたしの中にすべてがある」「わたしの創った世界」この言葉の本当の意味をわたしが自分で落とし込んだ時に、わたしの視る世界は様変わりしました。

天国は創るものではなく、すでにわたしの手の中にあったと気付いたのです。

「気付き続けること」確実なステップとポイントによって、永遠にあなたは自分へと繋がり続けます。

「あなたが純粋な愛に基づいた本当の自分で生きる」それこそが本当の調和を生み出すと知ってください。

◆それ本当に高次の存在?

ハイヤーセルフに全部聞いてその通りにしている
道をまがるのも全部天使に聞いている
ガイドの言う通りに動いたら美味しいお店が見つかった

ハイヤーセルフがノーって言うから今日の約束はキャンセル

このようなことは、スピリチュアルの世界ではよくあることでしょう。

ガイド、ハイヤーセルフという視えない存在の言いなりになってしまう。

でもそれ、

「本当に高次の存在ですか」

「あなたの意志はどこにありますか」

「高次の存在じゃなかったらどうしますか」

今肉体を持って意志を持ってここにいるのはあなたです。

誰が何を言ってもあなたは**自分がどう感じるか**が大切です。

ハイヤーセルフは誰かあなたではない人ではなく、あなたの1番神聖な資質です。

今のあなたとハイヤーセルフとの間に「不安、恐怖」などが壁になっているだけです。

「恐怖や不安」を粛々と手放していくと、本来のあなたの**純粋な意識であるハイヤーセルフ**が薄く目を開け始めます。

そうして、準備が整ったある時に**ハイヤーセルフの意識へと席替え**が起こります。


何を言われても、どのようなアドバイスがあったとしても心地の悪い揺れる感情を手放して、**しっくりするスッキリすること**を選ぶ過程は変わりません。

実際に生きている人間にアドバイスを受けたのであれば、あなたは落ち着いてそうできるはずです。

でも「高次の存在の言葉だから」をそのまま受け止めてしまうのは少々危険です。


目醒めへ向かっているはずが、いつのまにか「ガイドが言うから、ハイヤーセルフが言うから」と今度は「高次だと思い込んでいる存在に依存して言いなり」になってしまいます。

高次の存在だと思っていたのが、実は「聴こえる」あなたを利用しようとしている「高次ではない存在」だったらどうしますか。

影響力のあるあなたに耳障りの良いことを言って、あなたとあなたの仲間を目醒めないようにしている存在だったらどうしますか。

「高次」だと思っていたはずが、本当は「エゴ」だったらどうしますか。

あなたが自分の中に見出した神は「エゴ」かもしれません。

「目醒めそうになったら必ず引き止めてね」と硬い約束をかわしたエゴを神と見間違えたら、あなたは目醒めるどころかもっと深く、深く眠ります。

同様に「あなたのハイヤーセルフはこう言っていますよ」という「誰か」の言葉も鵜呑みにしてはいけません。

あなたのことはあなたが誰よりも知っています。

あなたの目的は「神聖な愛に満ちたあなた」へ戻ることです。

あなたが目醒めた後、「同じ周波数帯域の仲間」として「ガイドや高次の存在」と協働《きょうどう》していくことも「目醒めた後の楽しみの一つ」なのですから。

あなたの望んでいることをシンボルにして、統合して、「聖なる本質のあなた」との壁を薄くしていってください。

ある時に「わたしの全てはわたし自身が知っていた、わたしのことはわたしが決めることができる」と確信する時が必ずきます。

その時あなたの中には「揺るぎのない自分軸」がしっかりと確立され、迷いや悩みからも解き放たれるでしょう。

◆大切なのは統合の基礎とステップ

わたしたちは「万物創造の神」でした。

「万能の神」だったわたしたちは、長い間「愛と調和に満ちた意識」で静かに躍動しながら揺らいでいました。

神が自分を失くしました。
神がゼロの状態を、「無理です。わかりません」と思うまで自分を失くしました。
神が「自分を信じるなんてできません」と言います。
神が「わたしには力がありません」と言います。

すべてを忘れたのです。

宇宙はシンプルです。

「統合」で感情を整えていくのは、コツさえ摑《つか》めばとても簡単です。

けれど「自分を取り巻く環境を整えたい、誰かの生き方を否定、非難したい、誰かの顔色を視て行動する、期待に応えたい」わたしたちは外へ外へと意識を向けすぎて、自分の感情を整えていく術を知りません。
感情を感じて、情報や出来事に振り回され、大切なのは「現実で成功してお金を稼ぎ、名声を得ることだ」

「山あり谷ありの人生の中で成功することが良いことだ」と、どうしても軽々と現実のドラマに引き寄せられてしまいます。

統合を起こしていくには、基本から着実にステップを上がることです。

統合を続け、現実から離れていくうちに現実は薄くなり、地球で生きる人々がそれぞれの人生の目的を遂行していることが透けて視えるようになります。

わたしは元来とても不器用で、勉強も仕事も趣味も一回どん底まで落ちてから、自分の中で再構築してやっとものになります。

器用さとはほど遠い性格です。

統合は私にとってこれまで経験した何よりも難しいものでした。

でも長い時間をかけて自分の中に落とし込み、本当はとてもシンプルで簡単だったとわかりました。理論がわからず自分で複雑にしていたのです。
だからこそ答えられない質問がありません。

あの悩み抜いた時間はわたしの宝です。

あなたが本当に目醒めたいのであれば「基礎とステップ」が何よりも大事だとはっきりとお伝えできるのです。

◆同じことをしていても目醒めには繋がらない

「揺れる感情が出たらその感情を統合する」をひたすら繰り返していても「目醒め」は訪れません。同じシチュエーションで同じ反応を繰り返す。つまりその都度、感じた感情にただ反応して統合を繰り返すだけでは、ご自身の波動は何も変わりません。
ご自身の意識の持ち方が変わらない限り、結局同じ波動場をグルグルと彷徨《さまよ》うだけなのです。

いつも**何が起きても平和な意識で在り続けること**が大切です。

現実に対して一喜一憂してしまう意識ではなく、現実との間に距離を持ち、統合を起こしながらご自身の意識の置き場を着実に「平和」へと変えていくのです。

ボールペンが一本落ちてもずっと同じ様に手放しますか。

感情がザワザワしてずっと同じ意識状態で手放しますか。

ボールペンが一本落ちてザワザワするから、つまずいてびっくりしたから、曲がり角で人とぶつかりそうになって驚いたからと「何かあるたびに統合をする、何かあったから統合する」という意識でずっといても目醒めは起こらないのです。

それは終わりのない迷路を旅をしているようなもので、いつの間にか統合はただのパフォーマンスになってしまいます。

ずっと同じことを繰り返していても「目醒め」は起きないのです。

「統合」はどんどん「意識の置き場所」を変えていきます。

意識の置き場を変えながら自分の内側へ内側へと入っていきます。

「統合」の目的は起こった出来事に左右されず、現実をありのまま正しく視る力を養います。

同じ出来事にいつまでも同じ様に反応していて、ある時に目醒めが突然起こるわけがありません。日々、毎瞬毎瞬の現実を統合に使って現実から離れるトレーニングをしていきます。

わたしはこのステップを1ヶ月~2ヶ月の間隔で行いました。

◆ステップ1の復習

ステップ1では統合のスタンスを完全に作りました。

1つ目はなにがなくともゼロの状態です。

落ち着いている、冷静でいる、リラックスしている状態。

落ち着いて冷静だから、何かあっても現実に巻き込まれずに対応できます。

「わたしは落ち着いている、冷静だ」と決めてください。

ゼロの状態は自分以外のどこかにあって、探してなんとかそこから落ちない様にするのではなく、あなたの中にあります。

これまでの人生でも、動揺した時などに「わたし落ち着け！　落ち着いて！」と自分に言ったことはありますよね。

ゼロの状態はあなたが自分の中に見出すものです。


2つ目は現実のすべてを使って、「統合」を起こす癖をつけていきます。


一日のすべての行動を「統合するために」と決めてから行います。

わたしは掃除機をかけるのも、洗濯も、料理をするのにも、スーパーに行くのも統合をするために行きました。

「これまでの生き方を辞める」「これまでの生き方の真反対をする」という人生で初めてのことをしていくのです。

少しのトレーニングは必要です。

これまでは慣れないところに行くのも、出たくない会議に出るのも、「何が起こるかわからないから恐い、嫌だ」となるべく避けていました。

もう何も恐くありません。

だって「統合するため」ですから。

現実のすべてを使って統合を起こす目的は、「統合を癖」にすることと、「行きたくない」「やりたくない」で片付けていたことの問題は「感情」だったと知ってもらうためです。

そうして3つ目は100％決めることです。

100決める
100の意図
意図100％

あなたの好きな言葉で「手放す」と100決めてください。

「受け取る」と100決めてください。

本当に不思議なもので、今イライラしていても、今どんよりしていても「手放す！」と決めると手放せるのです。「愛を受け取る！」と決めると確かに受け取れるのです。

この時も自分の心を視てください。

「スッキリした、広がった、気持ちが良い」それがあなたが統合を起こして整った体感です。この体感を大事にします。

その上でまずは大きなネガティブを手放しました。

次によりささやかなネガティブを手放しました。

その中で人間としての感情を、人によってはドラマや映画で未練なく完了しました。

こうしてステップ1であなたは着々と統合を起こし自分を整えてきました。

目醒めのステップ①　～視ている～

ステップ1を通して大きなネガティブとささやかなネガティブを統合し、自分と向き合い、「揺れる感情」、「心地の悪い感情」を捉える癖ができましたか。


それでは日常の「人間ドラマを完全に終了」していきましょう。

わたしたちは感情を使い回して、あらゆるドラマを生み出します。

「現実は中立である」という視点から視ると、すべての現実に対して自分でストーリーを書きます。

例えば、数人が集まって話をしているのを見てある人は「楽しそう、仲間に入れてもらおう」と思います。

またある人は「わたしの悪口を言っているのではないか」「仲間はずれにされた」と思います。

正しい見方は「数人が集まって話している」ただそれだけです。

「無価値感」という感情が「わたしの悪口を言っているのではないか」「仲間はずれにされた」と思わせます。

だからこの「無価値感」を統合します。

あなたは職場で上司に激しく怒鳴られるという出来事を前にして、どっぷりと「怒り、悲しみ、苦しみ」という感情に浸かるという人間ドラマをやってのけます。

ここでもあなたは「心地悪い、揺れる感情」をどんどん手放してしまいます。

すると上司は「目の前でただ大きな声を出している人」になります。

先ほどの数人が仮にあなたの悪口を言っていても、目の前の上司があきらかにあなたに怒っていても、「否定」、「批判」、は著しく波動を下げるものですし、人に何かを伝えるのに「怒る必要」はまったくありません。

ですからあなたはそこに同調しません。

「目の前の現実」を正しく視て、その通りと思うなら取り入れ、違うなと思うなら一旦横に置いておく。

「友人からあらぬ疑いをかけられた。そんなことはないと判って欲しい」という思いにも、あなたは心地の悪い感情を手放していきます。

そうして統合のその先へ向かうために「それは違います」と表現します。

表現すると様々な感情が炙り出されます。

「現実」も「表現」もすべて揺れる感情を手放すことに使います。

そのためには「現実」を丁寧に扱うことが大切です。

・これまでの人間としての生き方ならば目の前で誰かが諍いをしていれば「大変だ！」と思います。

・お皿が割れた時には「あっ!!」と大きく揺れます。

電車の遅延も、人身事故も、誰かが会議に遅れるのも、噂話も、スーパーの品切れも、親族の争いも、「こんな酷い現実」というのはあなたの見方です。

すべては単に起きているだけ、ただの出来事であって、そこにわたしたちが「ああでもない、こうでもない」と意味付けをしているのです。

この立ち位置につくことが大きな次の一歩へ進むことになります。

大きなネガティブを手放し、小さなネガティブに気付き、そうして人間ドラマを完全に終わりにするというステップに入りました。

次のステップは「視ているだけ」という手法を使います。

ここからあなたは「視る」ことに重点を置きます。

①ゼロの状態でただ現実を「視る」

②揺れている感情を「視る」

③100%意図して「もう使わない」と決める

④100%意図して「わたしの愛（感謝・喜び・祝福）に還《かえ》る（変容する）」と決める

⑤統合のその先の自分に一致するために「表現」する時も自分を「視る」

ここからはより内側を「視る」ということに焦点を置きます。

これにより、これまで以上にささやかな感情にも気が付くようになります。

より気付くことが大切です。

「視ているだけ」というステップでは、自分がいかに現実に対して意味付けをしていたのか知ります。

さらにいかに現実に「否定、非難、ジャッジ」をしていたかも知り、わたしは一時自分の性格の悪さに泣きそうになりました（笑）。

けれど、地球はそういうところです。

一つの意識から分かれて違いを楽しむところです。

だからこれまではその生き方で良かったのです。

でも、ここからは誰に言い訳する必要も、誰と比べることも、何も恥ずかしいこともなく、あなたは自分と向き合ってクリアになっていけば良いのです。

何が起きようとも自分の内側を視て「揺れる心地の悪い、ザワザワした感情」をあなたは淡々と手放して愛へと変容してください。

◆5次元の恋愛・パートナーシップ

3次元の楽しみの一つに恋愛があります。

恋人があなた以外の人を好きになったら3次元の世界では大変です。怒りと嫉妬から殺傷沙汰にもなるほどです。

統合を起こしていくと、多角的な見方になるので「相手は（彼・彼女）は今回その経験・体験が必要であったのだ」とわかります。

例えば、浮気相手は過去世で戦争で引き裂かれた兄妹だったのかもしれませんし、唯一無二の親友であったのかもしれません。

そうだとわかっても「そうですか、なら仕方ない」とならないのが3次元の恋愛です。

裏切られたあなたは苦しく辛い思いで一杯になります。

恋愛と結婚を5次元からお話ししましょう。

恋愛と結婚は人間のカルマ（経験）の解消です。

わたしたちは、ソウルファミリー、ソウルグループとして何組かのチームに別れて何度も生まれ変わり、その中で都度配役を代えて、キャラクターを演じ地球で経験、体験を行ないます。

ある人生で、「今回、わたしたちは兄妹になろう。そうして戦争で離ればなれになって切なく悲しむ体験をしよう」というシナリオを書いたとします。

シナリオ通りに兄妹は離ればなれになり、切なさと悲しみを経験します。

一度人生を終えた二人は連続物語のような輪廻で、また再会します。

今世では「初めて会ったのに初めてな気がしない」「懐かしい」「どこかで出会った気がする」と、兄妹ではなく男女として出会い恋愛をします。

ここは忘却のベール付き体験型ワンダーランドです。

カルマ（経験）は欠かすことができない大切なルールの一つで、人間としてのドラマをこれ以上ないほどに情熱的にドラマティックに演出してくれるスパイスです。

統合を起こしてカルマ（経験）の仕組みを知ると、あなたの「至上最高の恋人」も忘却のベールをくぐり、体験と経験をしている魂であるとわかるのです。

ここが腑に落ちるともう「浮気」だの「スキャンダル」だのという考え方はなくなります。

仮にそういうことがあっても「あなたにはその経験が必要なのね」とわかりますし、過去世で兄妹だと解れば、恋愛ではなく「あの時は戦争で離れたから、今回は友人として仲良くしようね」となるかもしれません。

そうしてすべてを理解した上で、「自分が1番しっくりくる人と過ごそう」と思います。

そういう意味では特別な人というのが存在しないけれど、ここで共に関わり合い、学んでいるすべての人が尊い特別な人になります。

5次元の意識でも、もちろん恋愛はできます。

5次元の恋愛はお互いを尊重し、敬意を払う、とても風通しが良くて気持ちの良いものです。

一人でも楽しいからこそ、誰かといても楽しいのです。

「ドロドロの恋愛」は地球の制限の中の人間ドラマを通してしか味わえません。

「あなただけが特別」という恋愛ドラマを超えていくからこそ、本質の深い愛を知ることができます。

今になると、恋愛の嫉妬や独占欲も楽しいものだったなと、懐かしく感じます。

◆病気との向き合いかた

私たちの感情を左右する大きなものが病気です。

病気もその下に潜む感情に焦点を当てます。

「病気だから気が重い」は観念、思考のシステムの刷り込みです。

「病気でも平和」でいて欲しいのです。

その上で病院に行ったり、休養をとったりして適切な処置をしてください。

病院にはきちんとかかり、「気がついたら薬からも病院からも遠ざかっていた」くらいでちょうど良いのです。

もちろんあなたの波動が上がれば病気という重たい波動は、軽やかなあなたには影響しなくなります。

スピリチュアルの世界では、病院や、薬、病気に対する見方に少し偏りがあります。

わたしは過去大きな手術を2回しています。お腹を2回開いているので内臓に人の手が触れています。

そのため正常なデトックスが起こりにくいのです。

ある時、

「あなたは人に統合を教えているなら　デトックスがきちんと起きていないのはダメだ」と言われました。

その時、わたしの中で大きく揺れました。

そうしてなにか揺れるものを大きく手放したその結果、
・長期の出張が不安　（不安　恐怖）
・一生このままなのか　（不安　恐怖）
・手術しているんだから仕方ない　（あきらめ）
と、様々な感情があるのが解りました。

「なるほど、デトックス一つをとっても、こんなにもたくさんの揺れるものが隠れているのか」と嬉しい発見でした。

そういった思いがすべて手放せて、今は野菜やタンパク質を取り込み、体調管理をしています。毎日ほとんど乱れはありません。

もしもデトックスが不調な時でも「心は平和」でいるようになりました。

ここでもう一つ大切なことに気付きました。


健康な人でないと「統合を伝えてはならない」ということです。

わたしの中にその思いがあったから大きく揺れたのでしょう。

手術もしているし、傷跡も大きく残って後遺症があるわたしは統合を伝えて良いのか。


けれどここは体験と経験をする世界です。

ある人のシナリオの中に「今回はこういった病気をして、わたしは目醒めのステップを上がる」と書いてあれば、病気を経験しながら気付きの道を進むでしょう。


病気は現実のことです。ですから扱うのはその下の「感情」です。

ガンでも、難病でも、「心は平和」でいてください。

くれぐれも「病気になったのは統合がうまくいっていないから」と現実に意味を見出さないでください。

そうしたら、ガンの方や難病の方は「統合ができていない人」ということになってしまいます。

「統合」はスーパーマンや魔法使いになっていくものではないのです。目醒めても今回の人生で、肉体の大切さと精神の在り方に「気付くため」に、自分で仕掛けた病気もあるかもしれません。

昨年の10月、連日のワークショップと個人セッションと家庭の両立でとても忙しかったためか、高校生の時になった「帯状疱疹《たいじょうほうしん》」の痛みが身体を走りました。

高校生の時と同じ様に腰に鋭い痛みが走り、動くたびに痛みに襲われました。

ただ、高校生の時は立ち上がることもできないほどの痛みだったのに、今回は犬のお散歩にも行けたので、帯状疱疹かもと思うまでに半日以上を要しました。

幸い次の日はお休みだったので、夕方に病院に行き、適切な治療を受けて半日の静養で回復し、その次の日は普通に朝からワークショップが行えました。

今もなんともありません。高校生の時は2週間も学校を休んだのに、です。

同じ病気でも意識の波動が上がれば、肉体も軽やかになりますので大事に至りません。

つまり、病気というエネルギーはとても重たいものです。あなたが軽やかになると、重たい周波数と噛み合わなくなります。

ですから統合を起こしていくと風邪を引かなくなったり、頭痛がなくなったりします。

仮になったとしても平和であることで病気のエネルギーが外れていきます。

エネルギーが上がるとパワフルになり、たくさん動いても疲れない身体になります。

肉体はあなたの魂の大切な神殿です。

神殿があるからこそ、たくさんの経験と体験ができるのです。

疲れたら休んでください。

必要であれば適切な治療を受けてください。

何もかもお医者さまの言う通りではなく、どの瞬間もまずは統合を起こし、あなたが選択をしてください。

あなたが肉体を脱ぐ瞬間まで、美しく清らかなあなたの神殿を大切にしてください。

◆「マイルールを手放す」イライラの下に潜むもの

わたしたちにはマイルール（固定観念、固定概念）というものがあります。

マイルールは個人から発せられ、これが網の目のように密になって集合意識になります。

ですから、まずはマイルールから崩していきます。

わたしたちの生活はマイルールだらけです。

例えば、

・電車は時間通りに来るべき
・挨拶はするべき
・雨だからうっとうしい
・電車はきちんと時間通りに来て
・朝ご飯は早く食べて
・家族揃って夕食を食べる

・食べた食器は水につける
・食器はその日のうちに片付ける
・毎日同じ時間の電車に乗る
・遅刻をしてはいけない

あげたら切りがありません。

無意識にルールの中に自分を押し込めていると、それを守ってくれない相手にイライラし、満たされない気持ちが感情を様々に爆発させ、さらに自分を簡単に責めてダメだしをしていきます。

「～するべき」という鎧《よろい》を脱いで「スッキリするからやる」という気持ちでいることが大切です。

目醒めのステップ② ～否定、批判、ジャッジを完了する～

わたしたちは自分を取り巻く環境を否定、批判し続けています。

自分がどのような感情で現実を視ているのかを知って、「否定、批判、ジャッジを完了」していきます。

現実はただ起こっているだけ、中立であるという見方へと意識を移行していくためには、自分の感情を知ることです。あなたは何があっても自分の感情を「視ていてください」

「視ている」という手法は本当に自分の中の否定、批判の感情がよくわかり、盛りだくさんに統合を起こすことができます。

「視ている」手法では「物事を正しく視る力」を養っていきます。

仏教に「正見《しょうけん》」という言葉があります。

わたしが「物事を正しく視ることが大切」と伝えているのはここに由来しています。

あらゆる出来事に対して、わたしたちは「思考、思い込み、これまでの考え方、社会からの刷り込み」で自分の解釈と意味付けをします。

これは「自分のモノサシ」で現実を視ることになり、「否定、批判」が生まれます。

正しく物を視るとは「そのまま、ありのまま、ただ出来事としてそれらを視る」ということです。

「そのまま、ありのまま、正しく視る」というものの見方は簡単には難しく、ステップを踏みながら着実に意識の置き場を変えていくことで「確実」に養うことができます。

この「正しく視る」という意識が入ると、とても楽になります。

正しく視ることで更に多角的、つまり様々な角度から視ることができるようになり否定、批判がなくなっていきます。

人間は一側面からものを視るのが得意です。

「こうあるべき、こうすべきではない」というあなたのルールはあなたを苦しめ、さらに、そのルールを周りに強いて思い通りにならないことでまた自分を苦しめます。

わたしから視ると、あなたはまるでドーム型の有刺鉄線に覆われているようです。

本当はなんの障害もなくて自由なのに、自分で檻を造りその中でもがいているようです。

でも、勇気を出して有刺鉄線の檻から出ようとすると、あなたはこの有刺鉄線に引っかかりとても痛い思い（周りからの非難や、自分へのダメだし）をするので、この有刺鉄線の中で、外を視てジャッジを続けて騒いでいるのです。

あなたはもう痛みを感じないで、その外に出ることを許して良いのです。

現実を視て、自分の心を視て、心の揺れる感情を知った時に、いかに現実に対し、人に対して否定、批判、ジャッジばかりしていたかわかったと思います。

この段階の時、わたしは「なんて悪いことばかり考えているんだろう」とビックリしました。

地球はネガティブな感情で遊ぶ場所ですから、自分にダメだしをしなくて良いのです。

着々とその感情を完了していきましょう。


否定、批判、ジャッジがなくなったらどんなに楽かと思いませんか。


これらを統合していくには、自分の中を冷静に視続けて、繰り返し手放して、「相手には相手の学びがあることを知り、感情を使う人間ドラマを辞める」と決めます。

ここはとても大切で、放っておくといつの間にか現実をコントロールしたくなり、現実に意味を見出して、目醒めとはまったく違うところへ向かってしまうのです。

わたしが今も1番気をつけているところです。

自転車に乗っていて、前の人が遅ければ「速く走ってよ、邪魔だな」となり、現実をコントロールしようとします。

わたしはこの時、ささやかに揺れる感情を統合し、仮に急いでいるのであれば気をつけて追い越します。

「あーだこーだ」というドラマを生み出す感情はもう必要ないのです。

◆恐怖はつかまり棒

恐怖はあなたを外に出させない、心を自由にしない有刺鉄線のドームですが、反面あなたのつかまり棒でもあるのです。

「〜だから〜しない」という言い訳の下には、たくさんの恐怖が実は潜んでいます。

本当はもっと自由になりたいけれど、それが恐いから子供のせいに年収のせいにして動かない。

「子供の手が離れたら自分のやりたいことをしたいんです」

「年収が１０００万になったら海外旅行をしたいんです」

こういったことは日々わたしたちの生活を取り巻いています。

昇進したら、結婚したら、プレゼンが通ったら、お金が貯まったら、いつか機会があれば、いつかタイミングがあれば、これらは「昇進していないから～しない」「お金が貯まってないから～しない」、「～だから～しない」に置き換えられるのです。

そうやって自分の望みを上手に隠します。

わたしも同じ様にしてきたのです。

「次のステージへ向かう」時に、この「～だから」をよく使っていることに気付きました。

わたしの強みは「3次元の繊細な細やかな出来事と感情が解る」こと。

そのため「これ以上進んだから、きっと3次元が解らなくなるから進みたくない」という思いがありました。

けれどわたしたちは進化するものです。1つの臨界点を超えれば自然とその先の扉が視えてきます。

次へ進みたい。その強い思いの中で2020年春分前にこの「恐怖」という感情をとにかく丁寧に視て、統合を起こしました。

統合を起こしたからこそ解ったことがありました。

1つは「寄り添いたい」という思いです。

「わたしの強み」という言葉。そこにうっすらとあった執着。

そうしてもう1つ、「家族」に対する思いです。

3次元が解らなくなったら、家族に対して適当になるんじゃないか。

夕飯にも家事にも手を抜いていくんじゃないか。

今となれば、どうしてこのようなことを思っていたのか不思議です。

大きく統合を起こし、大切なことを忘れていたことに気付きました。

重たいネガティブなバイブレーションを変容して、平和と愛の状態へ戻り、しっくりくる表現、言動を自分で選んで決めていくことです。


「あぁ、そうだった」と気付き、大きく統合を起こしてシフトし「わたしが1番心地よく、落ち着く行動をしよう」とわたしが取りかかったのは3日分の夕食作りでした。

次の日から連日のワークショップが入っていて、そういう時はだいたい簡単な夕食にしていましたが、野菜とタンパク質を基本にいくつも作り冷蔵庫で保存しました。

今も3次元の細やかな繊細な心の動きは忘れていません。

余分な重たい感情が愛へと変容されたため、これまで以上に今ここを生きる意識が拡大しました。

わたしたちは過去に現在に未来に意識を飛ばし、頭で思いを巡らせているので静かな時がありません。

恐怖と不安は未来へ、怒りは過去へと意識を向かわせます。


あちらこちらに意識が飛んでいるので、今を生きることができずに、目の前のことが薄く、適当に雑になっています。

未来を心配して、過去のことを思い返しているのは、一見存分に考えて生きているようですが、実は、思考の海の中を漂っています。


生きるというのは「平和な心で今に１００％の意識を向け、この世界を正しく視て愛と感謝で在り続けること」とわたしは思っています。


恐怖は扉になっています。

その扉の前には「言い訳」という「フェンス」がたくさんありますが、その「フェンス」を１つ１つ横に置き、重たい扉を開くとその先には新しい世界が広がります。

私たちは「~だから~しない」という「言い訳」の「フェンス」を上手に使いこなし可能性を狭めますが、本当は「恐怖」こそあなたが向かいたい先への入り口です。恐れなくて大丈夫です。

統合を起こし、感情を整え、あなたが1番しっくりと心地よく、落ち着くことをしていくのです。

統合を起こし続けたわたしは、これまであやふやだった「本質の自分、ありのままの自分」の本当の意味がわかりました。

あなたが「あなた」を取り戻した時、あなたはもう誰に依存することも、不安になることもありません。

目醒めのステップ③(音声ワーク1)
~自分に制限をかける有刺鉄線から抜けるワーク~

①四位一体でゼロの状態になります。

②わたしたちは自分で自分を有刺鉄線の中に押し込めています。この有刺鉄線はあ

なたの「ルール」でできていて、「ルール」を抜けようとするととても痛い思いをします。そのため、あなたは「ルール」の中から出られずに小さく有刺鉄線の中で動けなくなっています。

③有刺鉄線は何重にもなり、とても頑丈ですが、あなたはもう抜け出すことを決めました。

④あなたの手を光の手で視てください。その光の手で身体の周りを覆っている有刺鉄線を手で巻き取っていきます。光の手ですので有刺鉄線に触れても痛くはありません。

⑤身体中に檻のように巻き付いている有刺鉄線を、光の手でどんどん巻き取っていきます。巻き取りながらあなたは息が吸いやすく、身体が楽になっていくのを視てください。

⑥有刺鉄線を一つにまとめます。まとめた有刺鉄線は「もう使わない」と100%決めて、そのまま頭上にある源に送ります。

⑦投げ入れたら一度大きく深呼吸をします。そうすると今度はあなたの潜在意識、細胞、オーラの中に潜んでいた有刺鉄線のミニチュアサイズになって炙《あぶ》り出てきます。今度は光の手に磁石を加えて潜在意識、細胞、オーラから炙り出ている有

刺鉄線をすべて磁石に吸い付かせます。

⑧まるで磁石に砂鉄が吸い付く様に有刺鉄線がついてきます。これを一つの大きな有刺鉄線にして先ほどと同じ様に源に送ります。

⑨あなたを閉じ込めていた有刺鉄線は源で浄化されて、クリアなエネルギーになり溢れるほどの虹の光となってあなたに降り注ぎます。

⑩この光を存分に受けて虹の光を何回か深呼吸してください。この中で自由な自分を感じてください。

⑪スッキリとしたら目をゆっくり開けてください。

第2章

自分の道をいく

◆「〜のため、〜のおかげ」

一見とても思いやりのある言葉。

「〜のため」、「〜のおかげ」。

仕事のために、会社のために、親のために、親友のために、あなたのために、とわたしたちは自分ではないもののために生きています。

小さな頃から「まずは自分よりもお友達のことを考えましょうね」と言われて育ちました。

自分のことを1番に考えたら「自分勝手だ」と言われました。

例えば「会社のために」と働いていると、快くない転勤や異動で生活が変わると「会社のせいでこんなことになった」となります。

「子供のために仕事を辞めた」「親のために勉強をがんばる」としていると、なにかのきっかけで「子供のせいでキャリアを捨てることになった」「親のせいで友達ができなかった」となります。

「〜のおかげ」も同じです。

「この人のおかげでわたしは救われた」と思い込んでいると、ある日「この人の言っているとは間違えているのではないか」と思った時に、「この人のせいで人生が台無しになった」となります。

「〜のため」「〜のおかげ」にはひっそりと「〜のせい」が隠れています。

地球は2極を楽しむところです。

「幸せだけど不安」「ワクワクするけど恐い」こういった感情を同時に味わうことができます。

この「〜のため」「〜のおかげ」にも紛れもなく地球の2極のエネルギーが入り込んでいます。

「〜のため」は重いのです。

あなたがもし「あなたのためたに」と誰かに言われ続けたら苦しくなるでしょう。

苦しいだけではなく、あなたは相手の期待に添おうとして、自分を失くしていくでしょう。

どのようなことも「やりたいからやる」という軽やかさが良いのです。

自分で決めて、自分で行動する。

その行動は軽やかで純粋な愛に基づいていることが大切です。

あなたはもっと伸びやかになって良いのです。

皆がそれぞれの学びを尊重し、敬意を払うから、個性を存分に発揮して調和の元で生きることができるのです。

解決策があります。

人にこうなって欲しいという思いがあるならば「あなたがそうしてください」

今から歌を習ってYouTubeで発信したり、のど自慢大会に出るのも良いでしょう。

思い切り勉強をして医大をめざすのも良いでしょう。

いずれにしても現実を握らず、「結果はどうでも、やりたいからやる」という意識でいてください。

外側はあなたを満たせません。

あなたを満たせるのはあなた自身だけです。

あなたが自分を満たし、自分のためにまずは生きる。その生き方が調和を生み出すのを見て、人々がそのような生き方をして良いのだという指標になるのです。

それぞれが「自分のために生き」その輪が広がり、いつの間にか相互のためになる。

それが本当の調和の世界だとわたしは思います。

◆調和から生まれる新しい社会

家族、会社というのは1つの社会を構成しています。

これまでの会社組織のあり方は1番上に社長がいて、細かく部署がわかれ、そこに部長や課長というトップがいる。

さらに苦手な分野も万遍なくできるようになることが大切でした。そのために人事異動や転勤もありました。

これからの新しい会社にはトップはいりません。皆が自分で決めて行動していきます。

トップは「命令する、指示する人」から「まとめる人」という役割へと変えていきます。

まずは統合を起こし、統合のその先を視て、自分が1番落ち着く、しっくりくる表現をしていく、そうして「～のため」ではなく「わたしがそうしたいから」という軽やかさが大切です。

統合を起こすと「やりたくない」ことがなくなります。「やりたくない」という感情を変容してしまうからです。

どのような仕事にも面白さを見つけることができるようになります。

嫌いな人もいなくなります。

「嫌い」という感情を変容するからです。

だから生き方がとても楽になります。

その中で、自分が本当にしたいことを現実でしていきます。

仕事は自分を表現していくものなので、むしろ「やりたい」と思い、動くことで統合の「その先へ」と一致していき、とても楽しくなります。


以前は「仕事はしたくない。ずっと遊んでいたい」と思っていましたが、それは苦しい、辛い、やりたくないのに仕事をしているという感情を存分に使っていたからでした。

転職にしても、どの仕事につくかにしても「この仕事が嫌だから」「人間関係が嫌だから」ではなく、その感情を変容してゼロの状態に戻り、そこからさらに自分に一致するためにと選んでいくのです。

家族も同じです。

家族というチームだからこそ、それぞれが意識の上で自立していくことが大切です。

家族、会社、様々な組織がいくつも集まって1つの社会を構成していきます。

依存ではなく、意識の自立からの協働へ、今、本当にそこへ向かう岐路がきていきます。

目醒めのステップ④〜一喜一憂を完了する〜

「わーっ！　嬉しい」「きゃー！　可愛い」「うそー！　ありがとう！」などの感情の起伏を完了していきます。

お笑い番組を視てのめり込んで大笑いすること、ヒューマンドラマに感動すること、「すごく面白い！」「とても感動した！」という感情を体験していますが、感情が大きく揺れているのには変わりありません。

実は一つの感情を「ワクワク」から視るか「不安」から視るかの違いなだけです。

地球は極を体験できる場所です。

1つの大きな感情を、光から視ればワクワク、影からみれば恐怖として捉えることができるのです。

大きく感情を感じると、反動で裏側が大きく現れて一気に下がります。これが一喜一憂になります。

ただ平和であるためにはどうしても一度人間としての生き方を終わりにすることが必要です。

人間としての生き方は中立な現実を視て一喜一憂することです。

試しに、「わーっ！　すごい！」となっている時の自分の状態を視てください。

足が浮いているのが解りますか。

この足が浮いている状態があるから一気に落ちます。

目標は何が起こっても動じない自分の軸です。

「いつも平和で、現実をあるがまま視ること」で、次のステップへと進むことができます。

「もう舞い上がらない」と100％決めて落ち着いてください。

それでも落ち着かないなら「人間的な喜び」を終わりにすると100%決めて、しっかりと統合を起こしてください。

一喜一憂も「視ている」を使って統合していきます。

現実も、浮くような感情も「視ている」だから「あ、今浮いた」と気づき「落ち着こう」とゼロ、中庸に戻ることができます。

いつも平和であるから、その先の「本質」へと繋がっていきます。

人間でいる間は「本質」の数%も感じることができません。

あなたは感情の中に仕組まれたニセの幸福ではなく、もっと雄大な場所へと向かってください。

一喜一憂を完了すると、しっかりとした安定感の中で、より深い喜びを体験することができます。

そうして慣れてくると「きゃーっ」と舞い上がる感覚が気持ち悪くなってきます。

どっしりと安定している揺れない自分は、とても気持ちの良いものです。

◆多角的にものごとを視ていく

統合を起こして平和になってくると、今まで一点の方向からしか視えなかった事柄が、多角的に視えるようになっていきます。

現実から引いて、ネガティブな感情を使わないので、出来事を正しくありのまま、そのままに視られる様になります。

一喜一憂を完了することで、さらに多角的に視えてきます。

わたしたちは、出来事を1つの角度から視るのが得意です。そのために違う角度から視ている人を批判したり、否定したりします。

さらに自分で決めていないから「~のせい」になります。

今の社会で、何か発言すれば、すぐに否定と批判が起こるのはそのためです。

出来事によっては自分では決められないものも、もちろんあるでしょう。だからこそ、統合を起こして、感情を整えて、一喜一憂をやめて物事を多角的に視ることが必要なのです。

人間はエゴと協働して、多角的に物事を視ることを辞めました。

だから、この世界を存分に楽しめたのです。

「あの人の考え方はおかしい」「彼の言っていることは意味がわからない」「この問題点はここだ」と人間ドラマを存分に楽しめました。

統合を起こして「真実が透けて視える様になる」というのは多角的に物事が視えるようになるからです。

この視点が馴染めば地球は本当にたくさんの人々が思い思いに遊んでいる、色鮮やかな極彩色の世界だと愛しくなります。

◆まぁ、いいかを辞める

「まぁ、いいか」が口癖のようになっていませんか。

以前、わたしは一日30回くらい「まぁ、いいか」と言っていました。

わたしの中で「まぁ、いいか」はポジティブだと思っていたからです。

信号で渡れなくても「まぁ、いいか」、電車に乗り損ねても「まぁ、いいか」、約束をドタキャンされても「まぁ、いいか」

これではまったく手放す感情を捉えていません。でも怒りや不安を感じないから

「まぁ、いいか」と思っていました。

けれど「まぁ、いいか」はポジティブではなかったのです。

信号が渡れなくて、電車に間に合わなくて、ドタキャンされて「がっかり、残念、ちっ」という揺れる感情を上手く隠していました。

捉えるべき周波数を捉えず、統合せず、曖昧な感情のままでいると、ずっと曖昧なままでいます。

曖昧な、ぼんやりとした状態ではなく、いつも「スッキリ」といることが大切です。日常をいかにスッキリと平和でいるか、今日より明日、明日より明後日と平和な状態をどんどん長くしていく、そのためには自分に集中し続けることです。

自分に集中することで仕事がおろそかになったり、日常生活がままならなくなったりはしません。

むしろゼロの状態でいると、意識がここに集中するので仕事の効率は良くなります。

わたしはよく「行動は変わらない」と言います。

つまり、「面倒くさい、嫌だ」を変容して、営業も、会議も、残業もします。子供の世話も、家事も、掃除もします。

(私は)目醒める前も今も、犬のお散歩には朝、夕方、寝る前と3回行きます。仕事も、洗濯も、掃除も、食事も作ります。実家にも行きます。買い物にも行きます。お墓参りもしますし、親族とも仲良くしています。

これまでと違うのは、いつも平和であることです。

社会生活ですることはきちんとします。

必要ないのは平和でなくなる「揺れる感情」です。

どこまでも変容して、愛へと、感謝へと戻り続けていきます。

統合を始めると統合しかすることがなくなりますが、こんなにも夢中になれる面白いゲームは他にはありません。

まるで隠してある宝物を見つけるゲームのように楽しんでもらえたら、それだけで毎日が楽しくなるはずです。

◆「無になる」はおとし穴

統合を起こしていると「無」になるという感覚があります。

一見何も感じていないから手放すものがないと思いがちです。

これはトラップです。

同じ様に何も感じていなくても統合が起こっている状態は、スッキリとして少しポジティブです。

無には、重さがあります。後ろに「面倒くさい」が隠れています。

「面倒くさい」は手強いのです。

「統合も面倒くさい。何もかも面倒くさい」はやる気を失せさせます。

統合されてスッキリとしていると「あ、郵便局行かなくちゃ」「ちょっとスーパーへ行こう」とすぐに動けますが、「無」は腰が重く、「明日でいいか」「やる気がない」などの言い訳をして動かしません。

無に似た感覚として、虚しさを感じる、味気ない、現実味がない、現実がハリボテみたいに感じる、つまらない、こういった感覚になる方もいます。

いつもスッキリしている状態でいて欲しいので、これらは統合を起こしてしっかりと愛、感謝、平和と高い資質へ変容してください。

わたしたちは目醒めないように様々に仕掛けをしてきています。

そのくらい、地球で体験すること、経験することが楽しかったのです

何もかも忘れて、どっぷりと　喜怒哀楽、一喜一憂という人間ドラマに浸りたかったことの現れです。

目醒めないように、目醒めないようにと、自分で自分にたくさんの罠を仕掛けています。統合を起こして、人間としての感情を使ったドラマを抜けてあなたが目醒めた先では、どんなあなたが待っているのかとワクワクしてください。

◆よりしっくりくるなら違う、ダメと言うこともある

自分が創っている世界だから、統合したら全部オッケーになるから、すべて受け入れなければいけないと思っていませんか。

あなたが創っている世界だからこそ、何よりもあなたに誠実でいてください。

大切なのは、私が創っているという、その下にある感情をしっかりと統合することです。

以前一人でワークショップを開催していた頃、会場の担当者とタイミングがまったく合わないことがありました。

参加者様は集まっているのに、会場が仮予約のままだったり、わたしの質問を保留にしておやすみに入ったり、至急の連絡も数日待たないと返事が来なかったり、毎回電話に出る方が変わるので、一から全部説明しないと担当者に代わってもらえないなど、いろいろ創り込みました。

スムーズにはほど遠く、電話をしながらずっと統合を起こしました。

その結果、統合を起こしているので、会場をそのまま使用することはできますが、「統合の先の愛と調和に向かうため、自分に誠実であるため」にわたしは「もうこの会場は使いません」と表現しました。

謝って欲しいのではなく、威張りたいのでもなく、非を認めて欲しいのでもなく、わたしの世界に誠実であるための表現です。

実際、担当者だったか、代わりの人だったかも覚えていませんし、相手がどんな反応だったかも覚えていません。

たくさんのモヤモヤする感情がなくなり、一本筋の通ったスッキリ感で一杯になりました。

現実を丁寧に扱い、「統合のその先」を見て表現します。

「違う、ダメ」とはとても言いにくいものです。

それは、相手の反応をみるからです。「クレームだと思われたらどうしよう」「このくらい、統合しているんだから我慢しなくちゃ」

「怒り」は相手の反応を視て対応していると、どんどんふくれあがり、正常な判断をなくさせますから、そんな自分が恐くて感情に蓋をしたりします。

だから「統合のその先」が大切なのです。

「罪悪感」、「闘い」、「不安」などをすべて手放してゼロの状態になり、自分がよりしっくりくることを表現する。

この時にわたしは、「もうこの会場は使えない」と言う自分と、言わない自分をイメージで2択をしてみました。

しっかりと自分の内面を視てどう揺れるか、どんな状態になるのかを観察しました。

言う自分をイメージして心を視る。

言わない自分をイメージして心を視る。

結果「もうこの会場は使いません」と表現し、より自分に一致することになりました。

丁寧に現実を扱ってください。

この現実があるからわたしたちは統合を起こし、「その先」へ向かえるのです。

そうして、さらに進むから、あなたは一層自分の感情と世界に責任が持てるようになるのです。

まずは統合ありきです。

そうしてゼロの状態へ戻り、「その先」へ向かうために表現します。

ここがないと、感情にまかせてものを言う、ただのあぶない危険な人になってしまいます。

◆「直感で選ぶ、ワクワクに従う、引き寄せ」と「統合を起こす」ことの違い

「統合」とは「感情を1つに整える」ことです。

「自覚」しながら「気付き」ながら自分でステップを上がることです。

わたしは「いつも平和」であることと、統合を起こしたその先を大切にしています。

では質問です。こちらは日常生活で見かけることですが、統合を起こしているのではありません。どこが違うのか解りますか？

例文
わたしはA子さんとB子さん二人にランチを誘われました。
統合を起こす必要なく、迷いなく、断然B子さんなのでB子さんと食事に行きました。

「イタリアンとフレンチどちらにする?」となり、統合を起こす必要も迷いもなく、断然イタリアンなのでイタリアンに行きました。

イタリアンで「AコースとBコースどちらにしようか」となり、迷いなく断然Aコースなので注文しました。

統合の視点から視ると、どこが違うのか解りますか。

答えは「まったく統合が起こっていません」

この選び方は「直感」を育てています。

「自分が1番ワクワクするものを追う」というものです。

この手法が悪いのではありません。

けれど、「統合」は、直感人間を育てているのではなく、ワクワクだけを追うのでもなく、現実に正解不正解を見出すことでもなく、「いつも何が起きても平和で在る」という自分軸を創るものです。

「統合する必要なく、断然」という思いの下には、きっとA子さんに対して「嫌悪感、ワクワクしない、つまらない」などの感情があるのでしょう。

断然イタリアンとすると、もし行ったお店がお休みだったとすると、別のイタリアンのお店を探そうとします。つまりイタリアンという現実を具現化しようとしてしまいます。

Aコース、Bコースも、「断然」であるならばBコースには好きなものがない、値段が高いなど何か揺れる感情があるのでしょう。

まずは自分の感情の揺れを知り、ゼロの状態へ戻り、そこから自分にとってしっくりと腑に落ちる行動を（表現）をします。

最初は迷いがでたり、これがしっくりとしているのか解らなかったりしますが、日常をすべて使って自分の中を視ていくことでだんだんと慣れてきます。

「断然！」「わたしはこうだから！」という中には硬さがあります。

そうして現実に意味を見出し、正解、不正解を導き出しています。

本当は統合を起こし、どちらでも良いけれど、わたしが統合のその先に行くために「しっくりくることを選ぶ」という軽やかな心でいて欲しいのです。

このあたりは、わたしも何度もつまずきました。

「自分に誠実に」が、いつの間にか現実に正解・不正解を見出してどう対応すると良いか、とすり替わります。

選択するものがあり、「どちらもしっくりこないな」とか、悩むという時は、だいたい現実を視て「正解か不正解」もしくは「損か得か」をしているのです。

だから自分の心をしっかりと視ることです。

「どのようでも良いがわたしの心が、よりスッキリと軽やかになるために、しっくりくることへ向かう」このくらいの軽やかさが必要です。

現実はどのような感情が隠れているのか知るためだけのものです。

現実が大切なのではなく、あなたの感情を整えて、その先の純粋なエネルギーへと向かうことが大切なのです。

◆誰かの人生は誰かのもの

統合を起こすと自動的に、空いたところには本質の愛や、宇宙の叡智が入ってきます。

真実を垣間見しはじめ、皆それぞれの人生があり、それが「魂の大いなる学び」と知り、良い意味で人を放っておけるようになります。

これまでは誰かの人生を（わたしが思う様に）良くしようと、ああだ、こうだとアドバイスをし、なんとか相手の考え方や生き方を変えようとしました。

でも結局のところ、その誰かは「自分の学び」を変えることはありません。もし変えたのならば、その方は今回の人生で学ぶことを学べずに、また次の人生で同じシチュエーションで学び直さねばなりません。

自分の人生と相手の人生を混同させて、あなたの心配とストレスは募るばかりでしたが、あなたが統合を起こしていくことで、友人も、子供も、パートナーも、家族も、すべては皆あなたと同じ様にパワフルな力を持っていると気付き、それぞれが決めた人生を間違いなく遂行しているとわかるのです。

だから「祝福を」と愛を持って相手の人生を見護れるのです。

あなたはとにかく自分に集中して、自分の中を平和、平安へと整えてください。

あなたが心配ばかりしていれば、あなたの映す世界は心配事だらけになります。

あなたが混乱していれば、あなたの映す世界は混乱します。

あなたが平和であれば、あなたの映す世界は平和になるのです。

◆頭の中をまっさらな状態にして

どれだけ著名なセミナーへ行っても、どんなに素晴らしいカウンセリングを受けても、どんなに勉強をしても、「統合」は自分で起こすものです。

あなたの頭の中はたくさんのセミナーの考え方と、あらゆるところから情報を仕入れた国会図書館のような知識でいっぱいではありませんか。

皆さん本当に物知りです。

わたしが生まれて初めて聞くカタカナの用語を本当によく知っています。

わたしは本当に何も知りませんが、わたしに必要なことは全部知っています。

「統合」は頭の中をまっさらにすることが大切です。

思考はつじつまを合わせようとしてしまいます。

わたしが「統合」でお伝えすることと、ご自身の知識の擦り合わせをしてしまうと必ず混乱が起こります。

古い人間としての習慣は一旦横に置いてください。

わたしがお伝えするのはステップです。

ステップとステップの間に自覚し、真実に気付き、最終的には宇宙の真理である「悟り」へ向かうことを目的にしています。

現実を視て揺れる感情を統合し、まっすぐに上がり、人間のシナリオを破棄して、神聖な自分、ハイヤーセルフとして生きるのです。

知識と思考には限界があるので、そこをなんとか分析をしようとしても、その先へは進めません。

わたしは焦りと不安からたくさんの情報を取り入れようとしました。

次から次へと溢れる情報に左右されてしまい、自分にまったく集中できずに、何年も統合の迷路で迷った経験があります。

今思えば、難しい用語を憶えようとしました。アロマやクリスタルの名前や効果、神社と神様の名前、たくさんのヒーリングなどの中で混乱を極めていました。

もちろん、現実のすべてを使って統合を起こすと決めてさえいれば、「これはしてはいけない」というのはありません。

けれど、焦りの中で様々な手法を取り入れて、複雑にならないようにしてください。

ここから更に加速して「目醒め」へ向かっていきます。

宇宙が組んだ「目醒めから悟り」のプログラムはシンプルで、簡単で、速いのです。

一直線に目醒めていくには、とにかく重いものを本来の軽やかさへと還していくしかありません。

あなたが問題だと感じるすべては横に置いて、まずは「目醒め」てしまいましょう。

そこから先は目醒めてからです。

◆複雑に絡み合う感情

わたしは長いこと「真実」を知りたかったのです。

それなのに、今から7年ほど前に「統合」という言葉を初めて聞いた時に「1番視ない様にしてきた、自分の中の怒り、孤独、恐怖、不安」と向き合うことが恐くて仕方ありませんでした。

現実には何も起こっていないのに「恐怖」と「不安」を感じて、身動きが取れなくなったことを今でも鮮明に憶えています。

「恐怖、不安」に打ち勝つ、負けない、闘うと言いますが、この闘うという意識が「恐怖や不安」をより結晶化し、大きな超えられないほどのものにしてしまいます。

会社での苦手な上司や、苦手な友人のことをいつも考えていて、思考の中で「モンスター」のようになってしまった経験は誰にでもあるでしょう。

意識を向けたものが結晶化し、肥大化させる性質がわたしたちにはあるからです。

恐怖や不安などに囚われると、もうそれだけで前へは進めなくなります。

「恐怖」も「不安」も単なる重たい周波数です。

あなたは「恐怖」と「不安」から視る現実を目の前に据えて、感じながら統合するのではなく、その下にある「依存」と「執着」ごと手放すと意図します。

「依存」と「執着」と「恐怖」はベタベタに絡み合いながら現実を複雑にさせるものです。例えば、大切な人が病気になった時に出る「恐怖」や、不況で仕事や収入がなくなる「恐怖」には、「失いたくない」という依存や執着があります。

「仕事は別」「子供は別」**これは別**はありません。

「単なる重たい周波数」と捉えられるかで、あなたの上がり幅は決まると言っても過言ではないのです。

あなたに感じて欲しいと恐怖は上がってくるのではなく、手放すために上がってきています。

ただの重たい周波数です。

「恐怖」、「不安」、「依存」、「執着」などは何度かきちんと向き合って統合を起こせば、次に現れてもコツがわかり始めます。

統合は感じる前に手放すことが「コツ」です。

あなたなりの「コツ」を摑んでステップを上がっていきましょう。

◆あなたの成長をとめる魔法の言葉

統合を起こす中で、あなたの成長をとめてしまう魔法の言葉がいくつかありますが、その代表的なものを2つお伝えします。

1つは、

「わたしは人のネガティブな感情を炙り出す人なんです」

と言う言葉です。

この言葉は、正義と同様に、とても気持ちが良く、

「わたしは人とは違う」

「わたしの役割」

「わたしは人よりも波動が高い」

など様々な気持ちが隠れています。

もちろん非常にエネルギーが高い場所に行くと、炙り出しは行なわれますが、「統合」を起こすあなたが視るのは必ず自分の中です。

例えば「ここはこうして」「早く仕事をして」などと言われた時に、自分を視てい

れば、「そんなこと言われなくてもわかっているよ。イラッ」とした気持ちが出てきているのがわかります。

けれどここで「わたしって人のネガティブを炙り出す人なんです」と片付けてしまうと統合を起こすことをさらりと隠してしまいます。

遅刻をして友人に「連絡くらいしてよ」と強く言われても「わたしは人のネガティブを炙り出す人なんです」

大事なメールの返信をせず、相手から「急いでください」と催促されても「わたし人のネガティブを炙り出す人なんです」

こういう間違いは本当に起こっているのです。

もう1つは、

「わたしは揺れてないので、あなたが統合してください」というものです。

これも自分の中の揺れている感情を「わたしは揺れてない」という言葉で隠してしまいます。

さらに相手に「統合して欲しい」というコントロールまで生まれています。

とにかく、謙虚に内側を視て統合を起こしていきます。

自分に集中し、高いエネルギーで安定させる。

何よりもあなたのために。

自分の内面に集中する、統合が「自己中心的」「生き方を真逆にする」というのはそのためです。

いつも**あなたの視ている現実があなたに炙り出しをしてくれている**と言うことを知ってください。

自らの中を一つに整え、そこにいるだけ、ただ在ることなのです。

◆感じている暇はない

地球には重たい周波数がたくさん置かれています。

これを感情と呼びます。

地球の感情は極性を持ち、「嬉しい⟷不安」「楽しい⟷恐い」を同時に感じることができます。

わたしたちは本来ただ「愛という重厚な意識」でした。

これまでに味わったことのない「感情」というものを体験したくて、自ら「感情」を取り込んだのです。

本当は、わたしたちは綺麗なままなのです。

感情は「出来事」に味付けをするものです。

自分で取り付けたので、自分で取り外しができます。

ここまで統合の理論ができていますね。

あなたが「目醒める」と決めているならば、もう感じないでどんどん統合を起こしていく方が近道でしょう。

「感じ切って手放す」や「受け入れる」、「大丈夫だよ」と感情をなだめる方法などがありますが、統合迷路を経験してきたわたしからすると、まだ「感情」を味わいたい気持ちが残っていると言えます。

「わたしまだまだ感情で遊びたいんだ」と認めてしまうんです。

そうして、「手放す」と決め直して、加速する統合の道を進んでください。

もうその感情は、あなたに感じて欲しいと出てきているのではなく、感情も本質の軽やかなエネルギーに変わりたいのです。

「感じないでどんどん変容する」と今決めてください。

今が岐路です。

「わたしは手放す」。「わたしは受け取る」。「わたしは平和で在る」と、瞬間瞬間で決め続けてください。

目醒めのステップ⑤ ～意図だけで手放す～

次のステップです。

意図だけで統合を起こしていきましょう。わたしたちはエネルギーの存在です。

ずっと訓練をしている、「100%決めて手放す」、「受け取ると100%決める」をもっと日常生活に落とし込んでいきます。

ここまでしっかりと意識して統合を起こしてきました。

朝は変わらずきちんと統合を起こしてください。

日中は意図で手放す練習をしていきます。

普通に生活をしてください。

必ずゼロの状態でいてください。

現実を視て、「心地の悪い周波数」が上がったら「100手放す。100わたしの（愛・喜び・感謝・平和）に変容する（還す）」と決めます。

これを日常で繰り返します。

自分の中だけしか視ません。

統合のその先を視て、しっくりと腑に落ちることを表現することも忘れないでください。

何か表現する時も、変わらずに自分の中を見続けます。

表現することによって、自分の中がどう揺れるか視てください。

揺れる心地の悪い感情がでたら「100手放す。100わたしの（愛・喜び・感謝・平和）に変容する」と心の中で決めます。

毎瞬、自分だけを視て、どのように感情が揺れるか視てください。

捉える癖をつけるために基礎を大切にしました。

まだ基礎ができていない時に、この意図で統合をお伝えしてしまうと、感情を捉えて手放すということが曖昧になります。

こういったご質問がありました。

「ネガティブなものは手放さなくても、受け入れて抱きしめていれば愛で溶けると思います」

これをしてしまうと、ネガティブな感情を手放さないので、そのままの状態に上塗りをしてしまいます。さらにネガティブという「悲しみ」、「苦しみ」、「怒り」を感じたままですので、とても苦しくなります。

ネガティブな心地の悪い感情は「捉えて手放す」という基礎が大切です。

大切なのは手放した後でしっかりと「受け取る」ことです。この段階で「受け取る」をしない、もしくは「辞めてしまう」方がとても多いのです。

しっかりと「源の生命エネルギー」を受け取らないと、あなた自身のエネルギーが空っぽになってしまいます。

なんのために手放しているのかもわからなくなります。

最終的な目的地は24時間自動統合です。

いきなりトリプルアクセルは誰にもできません、基礎をきちんと創り上げるから、誰にもまねできないような美しいトリプルアクセルで宙を舞うのです。

基礎創りは地道ですが、ここからは一瞬、一瞬あなたのハートを通して、あなたの意識が「愛、感謝、平和」へと変化していくのは、とても清々しいものです。

わたしは基礎をとても大切にしています。

基礎さえ徹底的にあなたの中に落とせば、あとは少しずつ思考と生き方の癖のほつれを解いていけば進めます。

どうぞ今は自分だけに意識を向けて、瞬間に変容する体験を存分に楽しんでくださ い。

心の状態はあなたの雰囲気になります。

解りやすいのは「怒り」「恐れ」や「不安」を抱え続けている人です。

そういった方々の発するエネルギーは重く沈んでいます。

感情は取り外しが可能です。

長年の癖で、感情は自分にはどうにもならないと思っているだけです。

そうして現実に意味を見出す癖が外側に「成功」、「富」、「名声」を求めているだけです。

わたしは特に揺れることがなくても「愛に還る、光に還る、喜びに還る、祝福に還る」と必ず100意図をしながら心の中でずっとつぶやいています。

一日中、心の中でつぶやいているので何百回言っているのかわからないくらいです。

そうしてずっと自分の心だけ視ています。

「愛に還る、祝福に還る、感謝に還る」この言葉は2018年12月、宮古島を一人で自転車に乗って島中を巡っている時に心で唱えていました。

遠くに光る海、さとうきび畑、まっすぐな下り坂、気持ちの良い風、誰ともすれ違わないわたし一人の時間「わたしの生きる道」の輪郭が視えた時です。

わたしの幸せは心の奥深い場所が、温かく広がり、スッキリと穏やかになることです。

それだけのために、わたしはこの瞬間も「愛に還る、光に還る」と100決めて宣言しています。

◆大切なのはどんどん動くこと

あなたにとって「心地の悪い感情」を、まずはきちんと統合してゼロへ戻ったら、「しっくりくることに進んでくださいね」とお伝えしていたところ、ご本人が「しっくり、スッキリするまで動けなくなる」という事態が起こりました。

そして、もう一つ「統合、統合」と「統合」に意識が向いて、「動くこと」「表現すること」を忘れていることもあります。

「しっくりくるまで動けない、動くことを忘れる」

これはどちらも「現実」を意識しているからでしょう。

行動を起こすのは「成功するため、損をしないため」ではないのです。

現実を視て、心地の悪い感情を浮き上がらせて軽やかになるためしかありません。

どんどん動いて、感情を統合していくのは、何が起きても平和である自分軸を創るためです。

わたしたちは、何を選んでも感情がでます。

転職をする・しない

ランチに行く・行かない

転職をすれば、「転職しない方が、職場にも人にも慣れていたから良かったかな」

転職しなければ「こんなことなら転職をして心機一転すれば良かった」

ランチに行けば「つまらないな、やはりうちにいてのんびりすれば良かった」

ランチに行かなければ「せっかく誘ってくれたのに申し訳なかった」など、です。

だからまた統合を起こして平和へ戻れば良いのです。

さらりと目的を忘れてしまいますが、揺れる感情を統合して、目的は統合の「その先」で在ることです。

どんどん動いてください。何をしてもすべて正解です。

出てくる揺れる感情を統合して自分を整えて、いつもスッキリすることだけです。

統合はアプローチの仕方が大切です。

現実の正解、不正解、損、得ではなく自分の心がどうか。それだけです。

◆嫌いな人が消えるとは

ワークショップを行なっていると、「統合したのに嫌いな人がいなくなりません」

「統合したら嫌いな人は転勤するとか、目の前から消えるはずですよね」

その他にも「統合しているのに業績が上がらない」

「現実は自分の内側の反映だから、感情がなくなれば嫌な現実は目の前から消える」

「統合したらうるさい建設中の工事が取りやめになるはず」

と具現化や引き寄せとの混乱があります。

統合を起こすとあなたの意識が変わります。

「嫌い」という感情でその人を視ていたとしても「嫌いという重たい感情」をもう使わないと決めれば、その人を嫌うという感情がなくなります。

考えてみてください。

あなたが統合を起こしたら、嫌いな人が転勤したり、業績が上がったり、工事が取りやめになったら、もし仮に本当にそんなことが起こったら、あなたはこの世界を自分の思う通りにしたいという「欲望」で一杯になります。

「嫌い」という感情は「平和」へと戻して、あなたはいつも普通でいてください。

「業績を上げたい」には現実で成功したい、人に褒めてもらいたいなど、たくさんの感情が隠れています。

そこに光を当てて、あなたは自分がしっくりくる行動（表現）をしてください。

工事がうるさいのであれば「カンに障るという感情」を平和へと戻してから「もう少し静かにしていただけますか」と伝えに行くなどの行動を起こしてください。

結果的にあなたがいつも落ち着いて冷静で、愛に溢れて、平和でいれば、それがあなたの雰囲気となり、あなたに色々とケチをつける人はいなくなりますが、それは現実があなたに追いついてきただけ。

そこを超えていくのです。

平和で落ち着いていると、物事を多角的に視る目が養われ「皆が地球という無条件の愛のもとで、魂の大いなる計画を遂行しているんだ」という豊かさに気付くことができるのです。

シンプルに何も考えず

第3章

◆お金儲けの時代の終わり

２０１０年ごろまで、「お金儲け」つまり「富」に価値が置かれていました。古代から多く持つものが優遇され、持たないものは従うという時代は本当に長く、長く続いたのです。

長く地球は「闘い」と「恐怖」に支配された火の星でした。

地球が火の惑星になったのは「貨幣」と「富」がこの世界を支配したことも理由の一つでしょう。

資源、領土、貨幣、人々はより多く持つことが良いとされていました。

富、名声から支配へと、わたしたちの世界は加速度的に闘いの世界へと向かいました。

火の星である地球が今大転換を経て、水の星へと変わろうとしています。

２０００年から約20年近い移行期間を過ぎ、特に２０１８年ごろからはお金儲けに意識を向けるほどに、うまくいかない流れに入りました。

企業はもちろん、個人でも同じです。

１９８０年代の後半に、バブル時代がありました。お金の価値観の崩壊はここから始まっています。

２０１０年ごろまでは、稼ごうと思えばなんとかなるという時代でしたが、今は稼ごうとしても思うようにはならず、むしろ現実の成功に目を向ければ向けるほど、稼げないという時代に入りました。これはお金を稼いで豊かになる分離の時代から、自分自身、つまり内側を充実させる統合の時代に入ったのです。

宇宙のサイクルは、わたしたちのエゴではコントロールすることができません。

この流れに乗って軽やかに生きるか、自分の力でなんとかなると歯を食いしばるかの別れ道です。


お金を誰よりも稼ぐこと、人より良い暮らし、良い物を持つこと、羨望や名声を得て優越を感じることが大切ならば、お金は分離の象徴です。

宇宙が一つのサイクルを終えて、統合の流れに入っている時代、お金に対する価値観、考え方は変わる時です。

お金は３次元の象徴です。

何が起きても平和で流れるように生きるならば「お金はただのエネルギー」というところまであなたが上がる必要があります。

これは、お金を持たないでくださいということではありません。

地球は物々交換にお金を介在させます。

そのくらいの感覚でいて欲しいのです。

２０２０年から流れはさらに加速します。

わたしたちは今、大きく価値観を変える時にきています。

企業の倒産、縮小、それに伴う雇用の不安定さ、政治、経済、全てにおいて隠し事ができない時代へと入る流れは止められないのです。

その中で、あなたは人生の成功、お金を稼ぐことに振り回されていた自分に気付いてください。

想い出してください、新型コロナウイルスの騒動の中、お金があっても思うように海外に行くことはできず、最初はマスクを買うこともできませんでした。ましてやお金で命が長らえることができなかったことを。


お金に固執するのは「執着」と「恐怖」があるからです。

「執着」と「依存」は「恐怖」という分離の極を現すもので、統合の流れとは相反するところにあります。

稼ぐことが目的であると、お金の流れは滞り「もっとお金を求め、どんどん苦しくなる」という流れに入ってしまいます。

「成功したい、稼ぎたい」ではなく「楽しいから、好きだからやる」という軽やかな心でいてください。


そうして、本質のあなたの雄大な流れに乗り、創られたニセの豊かさではなく、本当の豊かさという心の在り方を体現していくのが、新しい時代の「豊かさ」です。

◆平和で動じない自分軸へ

感情を一つに統合するとは「平和で動じない自分軸」を確立することです。

わたしたちは本当にいつも揺れています。

「ちっ」という軽いイライラから「憎い」という憎悪まで、「小さな幸せ」から「死にたい」という絶望まで、わたしたちの感情は常に激しく動き、アップダウンを繰り返します。

アップダウンは苦しいものです。

例えば、様々な種類のセミナーにお金をつぎ込んでいる方がたくさんいます。

セミナーに行ってたくさんの情報を知り、満足して帰ってきます。

もちろんそれが楽しくてならば、まったく構いませんが、

「この時期の大切なワークショップ」

「目醒めるためにはこのワークショップが必要」

「あなたが目醒めないのはこのワークをしていないから」と言われたら焦りや不安で揺れませんか。

視ないようにしていることが、まだまだたくさんあります。

「世界恐慌が起こるかも」「物流がストップしてしまうかも」「食品など生活必需品が底をつくかも」「大地震、大災害が起こるかも」

世界中で、人々の意識の変容が促されている中で「これは起こりえない」ということはありません。

「現実に右往左往せず、どっしりと平和であり、柔軟で必要な行動をする」この時に不必要なのが「不安」、「焦り」、「恐怖」、「依存」という感情です。

「統合」を起こすことは、最終的には人間としてのあらゆる「欲」を手放していくことです。

「欲」を滅していくから「何があっても、なくても平和な自分軸」を創り上げることができます。

「死」の恐怖まで統合を起こしていきます。


数ヶ月前、わたしは犬のお散歩のためにエレベーターに乗っていました。

13階で宅配業者の方が降りて、エレベーターの扉が閉まりましたがエレベーターが動きません。エレベーターは下から突き上げる風で揺れて、警告音も鳴っていました。

真っ先に意識が向いたのが11歳の高齢犬です。

もしこの風でワイヤーが切れてエレベーターが下まで落ちたら、わたしはこの仔を守れるだろうか、「恐い」と思いました。

結果的に扉の向こう側で宅配業者の方が扉をしっかりと閉めてくれて、無事に1階に着きましたが、その時に「あぁ、まだ恐怖を持っている」と知りました。

その日は大きく、大きく、きちんと統合を起こして、しっかりとステージを上げました。

今、わたしは明日地球が滅ぶと言われても動揺しません。

そこで恐怖がでたら手放すだけです。

もっと生きたい、死にたくないという「生きること」への執着（欲）があれば、それも自分の中の分離だと知り、統合を起こし平和へと戻るだけです。

文章を書いている今も手放し続けています。

細やかに自分の中を視て、すべての「欲」を手放していく、そうしてわたしたちはただ「愛と調和」、「平和」なエネルギーだけで在り続けるのです。

かつて、ブッダは厳しい修行での覚醒の少し前、自分自身のエゴが目の前に現れ、覚醒することへの抵抗としてあらゆる幻影を現しました。

性、享楽、恐怖、怒り、それは様々なものでしたが、彼はそれに屈することなく真実の自分へと到達しました。

先人の敷いてくれた道があるからこそ、「悟り」へのプロセスが解き明かされたのです。

どこまでも地に足をつけて、自分の内側だけに焦点を当てて、手放すのは「人間としての感情」と「欲」だけです。

わたしはもう「人間の感情」も「欲」も充分です。

様々な人間的な感情と欲を手放し続けている今のほうが、わたしは「今ここ」に100％の意識を向けていることができます。

◆寝ている時に見る夢について

統合を始めると「夢見が悪い」「悪夢を見る」というご相談をいただきます。

これは「統合あるある」です。

悪夢を見る理由は2つあると考えています。

1つは「統合」を起こすと決めると、これまで使っていたネガティブな感情が「もう必要ない」と認識し、外れるために日中に炙り出てきますが、手放し切れなかった感情が夜に悪夢という形で現れます。

もう1つは潜在意識の感情が出てきています。

潜在意識レベルにまで「ネガティブな感情」は刷り込まれているので、寝ている時にアクセスをして炙り出しが、夢という形で行なわれます。

「悪夢」を見ると、とても心地悪く目が覚めますが、どのような夢を見たとしても現実と同じで、その居心地の悪い感情を手放して統合するだけです。

ですからもう夢占いは必要ありません。

夢は「現在に起こったこと」と錯覚させるほど、わたしたちの記憶に残ります。記憶の中では、夢と現実の境目がないのです。

確かにあったと思っている過去は、実はあなたが夢で見たことかもしれません。

わたしは夢の中で「どこまでが現実に起こったことで、どこからが夢なのか境目がわからないな」と思ったことがあります。

でも本当に「夢」と「現実」の間にある壁は、実は薄いシフォンのようなものなのでしょう。

そのくらい、現実というのはあやふやなものなのです。

◆宇宙の流れで生きる

もう、あなたが握るものは何もありません。

あなたが日々、揺れる感情を充分に捉えて、愛へ光へと変容していると知っています。

お金、富、大切な友情、大事な家族、やりがいのある仕事、可愛いペット、これらは現実にあることです。

一つ、一つ、ハートに意識を向けながら、「お金」「親友」「家族」「仕事」「ペット」あなたが大切に思うものを思い浮かべてください。

その時に「ハート、心臓」を「グッ」と掴まれるような、重いような、圧迫される感じがあれば、それがあなたが「握るもの」です。

「握る何か」をきちんと捉えて、あなたの「愛、平和」へと統合していきます。

ハートを強くグッと掴まれるのは、気持ちの良いものではありません。

「苦しい」「恐い」「嫌だ」など言葉に変換できるまでに、感情と現実に近づいてしまうと、とても辛い思いをします。

ゼロの状態で「もう使わない」「わたしの愛へ還す」と100決めていく。

このやり方は手放すものを素早く捉えて、愛、平和、光へと加速して変容することができる、とても効果的な方法です。

扱うのは感情だけです。

「大事な家族やペットなど現実のものを手

放すのだ」と勘違いしないでください。

その下にある、「恐怖」、「執着」、「依存」を統合していきます。

何も握らない、海の上にただ浮かぶ様に、宇宙に背中から倒れ込む様に、すべての手を離していきます。

ここで生きていると、すべて手放したと思っていても、油断をするとまるで黒カビの胞子のように、いつのまにかうっすらと現実に意味を見出し始めます。

目醒めが起こっても、地球の磁場にいる限りは、うっすらと欲望が発動しようとします。


あなたは目醒めても自分を逐一視ていくことが大切です。

宇宙の生き方は静かに流れる水に似ています。

澱みなくサラサラと流れ、岩などの障害があれば、サラリとかわします。

川がその先へその先へと進む様に、わたしたちも進化し続けることが大切です。

現実を正解・不正解・損得から見て「しっくりこないから、ワクワクしないから」と動かないでいると流れは澱みます。

ここはあなたのワンダーランドです。

アトラクションの結末を気にしないで、どんどん楽しんでください。

波動を上げる1番のポイントは大いに楽しんでみることです。

◆「楽しく目醒める」を許す自分になる

リトリートの下見で西表島に行った時のことです。

西表島は日本の原始のエネルギーを持ち、魂の核と繋がる場所で、わたし自身もより本質へ向かうために、２０２０年の1月に訪れました。

下見には、わたしをサポートしてくれているチームが同行してくれました。

わたしの仕事の一つに若者の育成があります。

サポートチームのメンバーの半数以上が25歳以下で、彼らはとてもパワフルです。

その日はピナイサーラの滝上へ向かう予定でした。

片道1時間45分ほどかかる滝の上へ向かう岩場の登山は、足元は険しく、ぬかるんだ地面は粘着質で滑り、楽な登山ではありませんでした。

けれど、彼らは終始楽しそうでした。一緒に歌をうたい、冗談を言い、笑い合い、岩登り登山はとても軽快で楽しく、苦しさを感じることはまったくありませんでした。

対極の目から見れば、滑る岩場とぬかるんだ土、膝上までつかる泥水で「苦しい、引き返したい」という思いだけになります。

２０２０年になり、「修行をして悟りを得る」時代は終わったのです。

「この瞬間をどれだけ楽しめるか」その視点になる自分を許していくことです。

どうしてもわたしたちは「こうあるべき」という考えに囚われます。

そのため、統合を起こしていく時も「ワークの順番や方法」をとても気にします。

わたしも様々なワークをお伝えしていますが、ワークショップでは日常でワークに囚われないことをお伝えしています。

ワークに囚われると、大切な「自分の心の状態」ではなく「正しいのか、間違えているんじゃないか、順番は」とワークに心を奪われます。そしてワークをした自分に満足します。

ワークは作業です。

皆で意識を集中しワークを行なうと、本当に重たいものが手放されて、とてもエネルギーが軽くなります。

その時の感覚を憶えていて欲しいのです。

ワークが儀式にならないようにしてください。

意図のないワークを100回するよりも、一度で良いので、しっかりと意識を集中させて行なってください。

あなたの一瞬、一瞬を大切にしてください。

何があってもまずは統合を起こす。そうして統合のその先を視て、しっくり来ることへ動く。

大切なのは軽やかに、楽しくです。

「きちんと捉えて丁寧に手放す」ステップ1で、この基礎をしっかりと創り上げたからこそ軽やかに上がることができます。

今を見続ける。これは、今ここを生きることに繋がっていきます。

目醒めの極意は、実は「いかにリラックスして楽しめるか」それに尽きるのです。

◆統合を儀式とパフォーマンスにしない

「朝1時間瞑想して、統合のワークをします。マスターや龍神、ご縁のある神様とのワークをします」

「日中は自動統合ワークをしています。何か感じれば手を使って統合をします」

「夜も瞑想して、統合のワークやブロック解除、その他、様々ワークをして寝ます」

これらのワークを、あなたはしっかりと100の意図のもとで、きちんと決めて行なっていますか。

100%決めていない統合はただのパフォーマンスです。

ワークをいくつも行なって満足しても、ただの儀式です。

儀式で目醒めるのであれば、もうすでにたくさんの方が目醒めているでしょう。

統合は、一瞬、一瞬100%決めていく積み重ねが大切です。

わたしたちはどの道であれ進化していきます。

ポジティブな意識もネガティブな意識も止まることはなく進んでいきます。

だからこそ、何が起きても「平和で愛」というエネルギーで在り続けることは、その先の「悟り」へと自然に向かっていきます。

朝1時間統合して、ではなく、日々いかに平和でいる時間を長くしていくかです。

今日は1時間平和でいた、明日は2時間平和でいよう、明後日は4時間平和でいようと平和である時間を長くしていきます。

かつて、高僧や聖者が心から望み、歩いた道です。

あなたはそこに向かい始めたのです。

統合は「強力なメンタルトレーニング」です。

揺れない愛の自分軸で、究極に今ここを生きるツールです。

さらに多角的に物事を捉えることが可能になり、しなやかで柔軟性のある人間として成熟していきます。

終わりのない遥かな道を、肉体を持って体験していけるのは宇宙の恩恵です。

目指すところは、ただ落ち着いて、美しいあなたでゆったりと座っている状態の統合です。

それでも24時間あなたは統合を起こしている。

そうしてどんどん波動を上げていく。

わたしは今も24時間自分のサーチを怠りません。

100%の意図で「愛へ還る、平和へ還る」と一日何回言っているかわかりません。

あなたが向かうのは「美しい統合、美しい目醒め、そうして美しい悟り」の道なのです。

◆条件付きの幸せ

わたしたちはずっと、自分の幸せは何か条件の上に成り立つと思っていました。

会社でボーナスがでたから「幸せ」

友人と旅行に行けるから「幸せ」

ボーナス、旅行と条件を満たせば「幸せ」になれる。ボーナスがなければ「幸せではない」

条件付けは小さな頃からしています。

良い子にしていたら「おりこうさんね」と褒められる。

こういった感情は自己犠牲になり、我慢になり、自分で幸せを生み出すことを不可能にします。

わたしたちはとても複雑にできています。

この複雑さを一つ、一つひも解いて、思考でなんとか答えを導き出すのではなく、ただ心地の悪い揺れる感情を、平和へと戻してしまえば良いのです。そうして、万物創造の生命エネルギーをしっかりと感じる。生命エネルギーは命を生み出すエネルギーです。

命が生まれるところには「愛、調和、喜び、祝福」、こういった高いエネルギーが存分に含まれています。だからこの光を浴びることが大切です。

ネガティブなものを100決めて手放す！ 100決めて受け取る！

そうして高いエネルギーで在り続けると100決めてください。

◆新生地球の鍵はマカバとフラワーオブライフ

新生地球のエネルギーのキーワードは無条件の愛です。

「すべてそのままで良い」「そのままですべて完成し、完了している」という意識です。

わたしたちはそこへと向かっていきます。

新生地球での鍵は、マカバとフラワーオブライフという神聖幾何学模様です。

神聖幾何学模様とは、天と地を合わせた宇宙の情報、生命の情報が現された形です。

つまり創造主のエネルギーが図形になったものです。

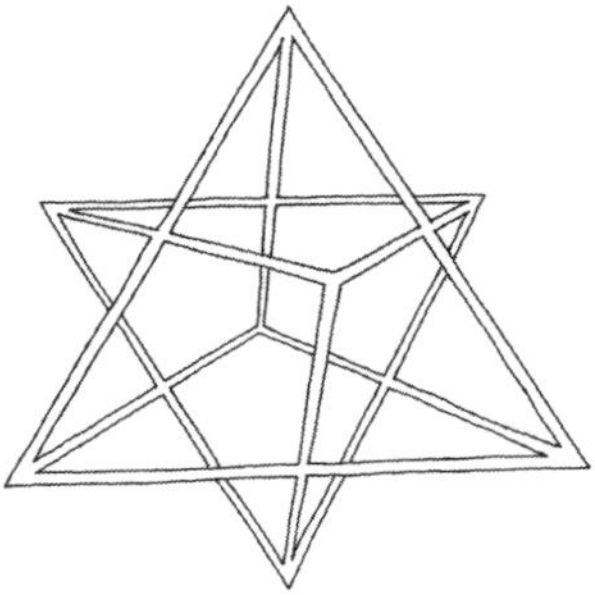

マカバは六芒星ともいわれています。

底辺が正三角形で正四面体の立体で、すべてのエネルギーを唯一の無条件の愛へと変容していきます。

マカバは、南極と北極という対極がある地球の観念・概念、価値観、例えば、男性↕女性、喜び↕苦しみ、善↕悪などの相反するエネルギーを無条件の愛というエネルギーに変容します。

このマカバを意識するだけで、宇宙の無限の意識と愛に繋がり、心も肉体も波動が上がります。

マカバを意識するだけで、地球の制限の磁場の観念・概念は外れて、あなたの波動は上がります。

さらにマカバは次元上昇していくための魂の乗り物です。古代、わたしたちの波動が高かった時にはマカバに乗って時空を移動していたと言われています。

フラワーオブライフのエネルギーはわたしたちの潜在意識レベル、魂レベルに深く刻まれています。

ここには宇宙の創造のエネルギーが刻まれています。

宇宙に依存する生命、輪廻転生、森羅万象、すべての情報を包括して、円を繋げていくことでどこまでも永遠に広がるので、成長拡大という無限のエネルギーを表現しています。さらに人間本来の生命力やサイキック能力、神である本来の自分を呼び起こします。

源の「究極の無条件の愛と調和」を現しているので意識を向けるだけで本質の愛へと繋がっていきます。

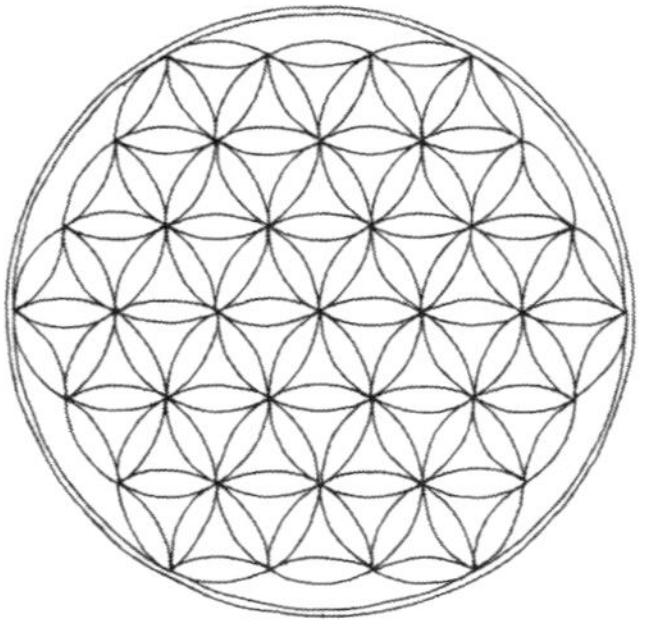

フラワーオブライフをコースターなどの代わりにすると、水のエネルギーが活性しお花なども長持ちします。
この二つの、無条件の愛のエネルギーを使って統合を起こしていきます。

〜マカバ統合〜（音声ワーク2）

四位一体のゼロの状態になり、足元には地球、頭上には源があると意図します。

足元にあなたが乗るのに丁度良い大きさの平面のフラワーオブライフ、身体の周りにはあなたの身体がすっぽり入る、丁度良い大きさのマカバをイメージしてください。

SOURCE
Merkabah
Flower of Life
Lady Gaia

①今わたしが手放すべき（変容するべき）感情と心の中で言ってください。この時、具体的に最近あった嫌なことをイメージしても構いません。

②あなたの中に「ザワッ」「モヤモヤ」などの心地の悪い揺れる感情が湧き上がってきます。最近あった嫌なことをイメージできたらその映像は消して、自分の中の感情にだけ集中してください。

③手を磁石にして、心地の悪い感情がどこに上がってきているか、手でスキャンします。手でスキャンをしたら、その心地の悪い感情を引っ張り出してください。まるで砂鉄のように感情が手についてきます。

④スピーディに手放すことが大切ですので、そのまま頭上の源に放り投げてください。

⑤放り投げたら深呼吸です。深呼吸をすると次の心地の悪い感情が上がってきます。

⑥先ほどと同じ様に手を磁石にして身体から引っ張り出し、頭上の源に放り投げてください。

⑦今、手放した心地の悪い感情が源で浄化されて、虹の光のシャワーになってあなたに降り注ぎます。

⑧虹の光はあなたを通りレディ・ガイアまで届きます。

溢れるほどの虹の光が源からあなたとレディ・ガイアへ降り注ぎ、虹の光はあなたの身体を溶かしていきます。あなたはただの光へと変容していきます。

⑨まだまだあなたへ注がれ続けている虹の光は宇宙へと広がっていきます。

⑩源も、星々も、地球もあなたの虹の光が包括しています。

⑪あなたの肉体は宇宙に広がった虹の光と同化しています。そのまま虹のエネルギーに身を委ねてください。

「愛」、「平和」、「豊かさ」、「喜び」、「祝福」こういった高い波動があなたの中に存在していることを想い出してください。

ゆったりと深呼吸を数回してください。

今、宇宙に広がっている肉体をもう一度ここで顕在していきます。

SOURCE

⑫肉体へと意識を合わせます。

⑬肉体を意識できたら、宇宙に広がっている虹の光をあなたのハートへと一気に集めてきます。

スーッという音をたてて、宇宙に広がっている虹の光があなたに集まってきます。一筋の光も残さないでハートへと集めます。

⑭ハートに虹の光がぎゅっと集まったら、あなたのハートはふわりと花開き、虹の光があなたの肉体へまず行き渡り満ち満ちていきます。

⑮肉体を虹の光が満たしたら、あなたを包んでいるマカバへと虹の光が流れていきます。

⑯マカバの中を虹の光がキラキラと満ちていくのをみてください。

マカバの外へはこの光は出さないでください。

あなたの光、エネルギーは自分で確保します。

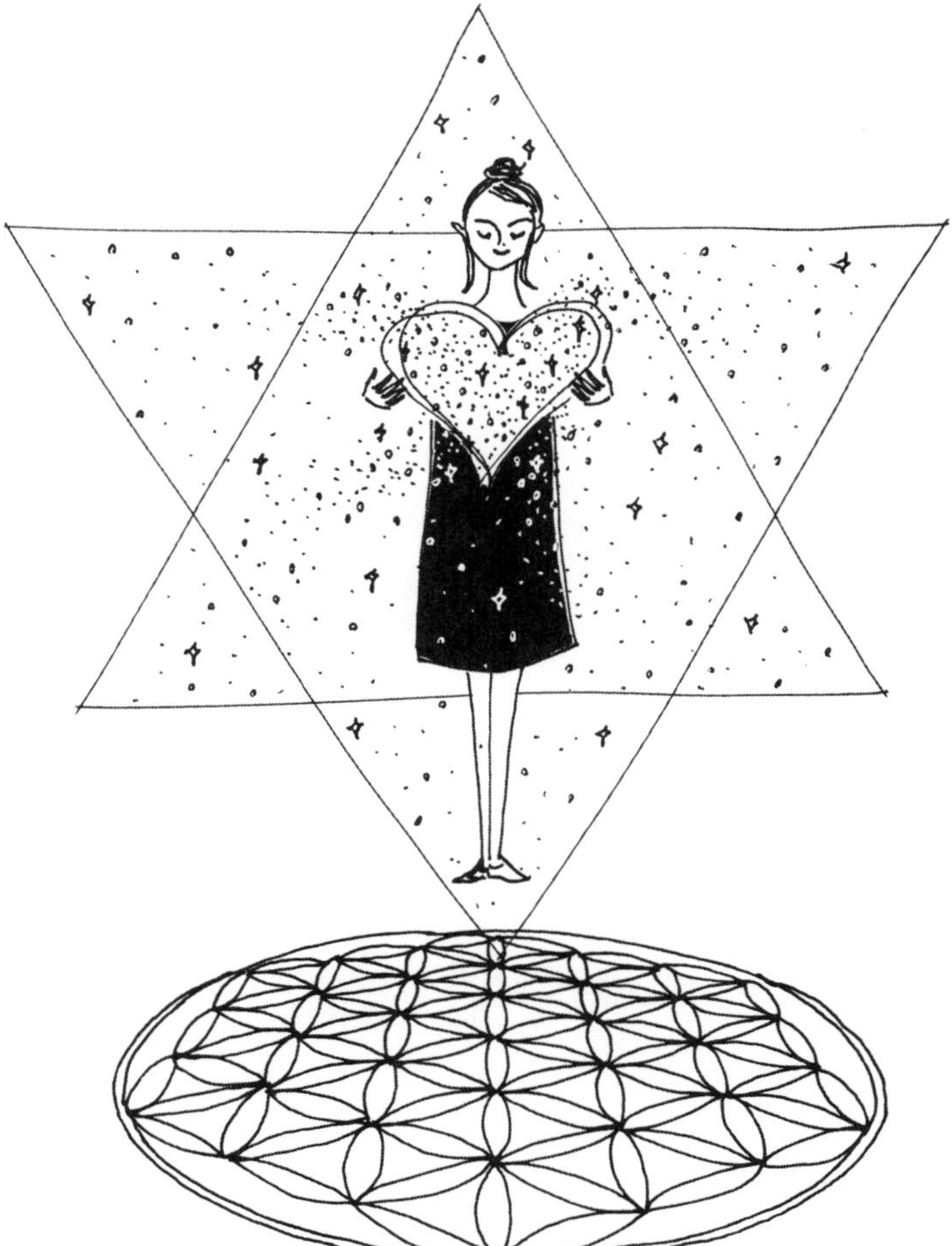

⑰この中で、もう一度あなたの平和と愛へと意識を向け、何度か深呼吸をします。
⑱瞳を開ける時には、マカバと足元のフラワーオブライフが虹色に輝いているのをみてください。

今日から毎日マカバに包まれていてください。

それだけであなたの波動が上がるのがわかるようになります。

足元のフラワーオブライフと身体の周りのマカバは、これからあなたが新生地球へ移行する大切な鍵になっていきます。

◆食生活の変化

統合を進めていくと、食生活に変化が起きることがあります。
・お肉を受け付けなくなる
・お魚を受け付けなくなる
・お酒が飲めなくなる
・スナック菓子、ラーメン、インスタント料理などの加工品を受け付けなくなる統合を始めてしばらくして、まずわたしはお肉が食べられなくなりました。

牛、豚、鳥、ラムなどすべてのお肉をいただくことができませんでした。

理由はいろいろあると思います。

統合を起こしていくと波動が上がり始めます。

お肉には動物のネガティブな感情が入っています。

まだあなたがネガティブな感情を手放すことなどを知らないで、ナチュラルにそれを感じていれば、お互い同じエネルギー同士なので影響はありません。

でも、「もうこのネガティブな感情は手放すのだ」と一度決めて統合を起こしていると、動物の持つエネルギーとあなたのエネルギーが合わなくなり、動物の中のネガティブな感情を受け入れることができなくなります。

人によりますが、この期間がわたしは1年ほどありました。

同様にお魚をいただけない時期もありました。

お肉よりはネガティブな感情は少ないものの、やはり感情のある生物です。

お肉よりは短く、数ヶ月いただくことができませんでした。

お酒、加工食品、人により様々です。

お肉だけ、お魚だけいただけない。

すべて同時期に受け付けなくなり、野菜と果物だけいただくという方もいます。

統合を続けてあなたのエネルギーが上がると、お肉もお魚のネガティブなエネルギーと共鳴しなくなります。低い所から高い所は影響を与えられません。


わたしが2018年から一人で統合のステップを行なっていた時には、すべて経験したためなのか、それとも基礎をしっかりと築いたためなのか、受け付けないものはなく、なんでも美味しくいただき、美味しく飲んでいました。


こういったことをお伝えすると「お肉が食べられるということは、わたしは統合ができていないんじゃないか」

「食生活の変化がないのですが、大丈夫ですか」と不安になるようです。

大切なのはその不安をしっかりと統合すること、自分の中の小さな変化を見逃さず、「統合」が行なわれていることに100％の信頼を置いてください。

面白いくらい簡単に「不安、できてない」という感情に囚われるのは、わたしたちが最初に直していく「人間の癖」です。

食生活に関しては、ベジタリアンやビーガンが良いと意識が向きがちですが「ありがとうございます。いただきます」と心から感謝をして命をいただくことが悪いことだとは思っていません。

肉体をきちんとケアして、動物たちの無条件の愛を身体に取り入れて、どうぞ心身ともに健やかでいてください。

◆「言い訳をやめる」その下の感情

わたしが初めて言い訳に気付いた時には、とても抵抗がありました。

「わたしは言い訳をしているのではなく、説明をしているのです」という抵抗です。

「わたしはこうしたいから！」という頑なさ。

つまりその下の感情を隠して、「わたしは説明をしているのです」「これが自分軸なんです」と自分を正当化しました。

統合は自分と向き合うことなので、自分を正当化する必要なんてありません。

言い訳の下には手放す感情があります。

何か、「グッ」とするものの下。

わたしはとても人見知りでした。

人見知りを通り越して「人が恐い」という思いをいつも抱いていました。

ワークショップに行っても「わたしは友達を作りにきているのではないので、一人でいます」というエネルギーを放出していました。

人とどうしても接しなければいけない時は「いつも身構えていました」

特に目の前で「ちょっと良いですか」と言われることは恐怖でした。

そういったわたしの過去を振り返れば、そこには「頑な何か、恐怖、不安、孤独」がありました。いずれにせよ視たくない感情が言い訳の下にありました。

統合は自分と徹底的に向き合うことです。

恥ずかしいことも、言い訳をする必要もありません。

すべての現実を使って統合を起こすには、いつも自分をサーチすることが大切です。

「感想を言っているんです」と言って実は否定、批判をしていないか

「表現をしているんです」として実は自分勝手になっていないか

「わたしはこうしたいから！」という思いの下に恐怖がないか

もし何か隠れていたら、ただそこに光をあてて、**その重さを失くしていけば良いのです。**

一人一人がすべて認められた存在です。

あなたは宇宙の大きな信頼と愛の元で求められ存在しているのです。

統合を起こした時の「清々しい、満たされた、背筋のピンと伸びるような、愛だけしかないような」あの感覚でいつもいて欲しいのです。

わたしが統合のステップを行なっていた時に、きちんと統合が行なわれているかどうかの目安は「統合された状態を保ち続けているか」ということでした。

統合を起こした後の、何にもつかまっていない自分一人の足で、しっかりと立っている感覚です。

この「統合された状態」をしっかりと感覚に落とし、何か重さがでたら、それは手放すものが、わたしの中から上がってきたということです。

すべてはただ粛々と淡々と手放していくだけ、今もわたしはその先しか視ていません。

「目醒める」と決めてからは、よそ見をしたこともありません。

今も、毎瞬決め続けています。

目醒めのステップ⑥ ～統合ドラマの終了～

次のステップは「統合ドラマ」を完了します。

統合のステップの最初の頃に「すべての現実を使って統合を起こしてください」とお伝えしました。

「買い物に行くのも、会社に行くのも、出たくない会議も、統合のために行ってくださ い」

「どんなことが起こっても恐くありません、だって統合するためですから」ともお伝えしました。

これらは「統合」を起こすということを自分に落とし込むための基礎です。

でも少々ドラマ仕立てです。ファーストステップならばこれでいいのです。

このステップでは「統合ドラマ」を完了していきます。

統合はステップを踏んで、意識の置く場所を変えていきます。

まずはこういったことがドラマです。

「母の病気も、わたしに統合を促すために起こっているんですよね」

「こんな現実創るのもわたしに統合を促すためですよね」

「わたしに覚悟を決めさせるために、こんな現実が起こったんですよね」

基礎を創る段階ではこれで良いのです。

ただ統合のために自ら起こした。だから統合して平和へ戻るだけという意識の置き場所です。

もうここまで基礎を創ってきたら、ステップを上がっていきます。

「わたしに統合を促すため」「わたしを目醒めへ向かわせるため」

あなたに統合を促すために起こっているものはなく、本当はただ中立に、出来事として現実は起こっているだけです。

次にこのドラマです。

「わたし、統合するために同窓会に行くの」「統合するために会社に行くの」はドラマ仕立てだと思いませんか。

日常24時間統合を起こすのは「当たり前」のことで、わざわざ「統合するために！」はドラマなのです。

基礎を創る段階ではこれで良いのです。

これまでにしたことのない「統合」を癖にするためだからです。

統合は生き方です。

現実を意味付けして「必然なこと、必要なことが起こっている、最善のことが起こっている」「メッセージだ」など、すべての現実には意味があるというのは古い考え方です。

現実を視て「この現実はわたしにとってどんな意味があるのかしら」「わたしに何を教えてくれているのか」「これはサインかしら」と意味を見出し続けていると疲れてしまい、この「癖」が統合を始めても抜けないので、いつまでも現実を握り続けます。

現実はただ起こっているだけです。

3次元的に視れば、関わる人の間での学びはありますが、あなたはもうその学びを抜けて本質へ向かおうとしています。

しばらくは訓練が必要です。

一朝一夕で目醒められるのであれば、過去からわたしたちはこれほど大変ではなかったはずです。

感情を整えていくには、日々のトレーニングで現実から離れていくことがとても大切です。

テレビを視て大笑いしている時どれだけ自分が浮いているのかに気付き

病気の時にどれだけ気持ちが落ちているか気付き

感情のアップダウンが気持ち悪いことに気付き

これらのステップを着々とこなしてきたから、今あなたは統合ドラマを手放すというステップに入ったのです。

ここまで懸命に統合を起こしてきたあなたには、今「統合」に対して「やらなくちゃ」の思いが潜んでいます。

でも、それで良いのです。

それがあなたが真っ正面から真摯に取り組んでこられた証拠です。

だからこそ次のステップへ進めるのです。

「わたしは順調だ」と100%信じてください。

このステップでは「統合」の下に潜む感情を手放します。

それは「焦り」、「不安」、「執着」かもしれません。

感情を手放したからといって「統合」を起こすことを辞めるわけではありません。

これらの感情を手放してから起こす統合は、今よりももっと軽やかに簡単になっていることでしょう。

愛と調和の世界へ

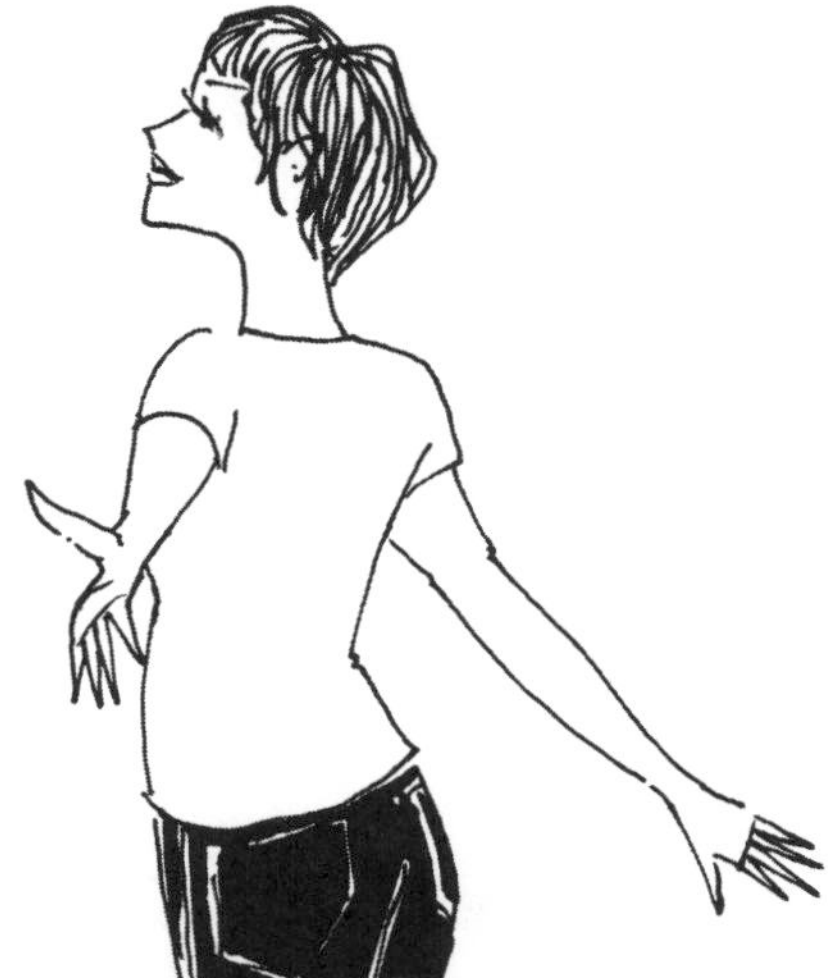

◆地に足をつけて生きる

２０２０年３月20日から世界が変化してきています。

わたしは３月20日をもって「スピリチュアル・カウンセラー」という肩書きを完了しました。

スピリチュアルも現実もわたしから視たら同じスクリーンです。

どこの世界に意識を向けるかによって、そこでの意識を色濃くしているだけです。

わたしたちが「恐怖」、「不安」、「否定」という感情を持てば、どこに属していてもなんらかの形でそれを「自分の中」で具現化し体験、経験します。

どこの世界に目を向けても、「恐怖」が「不安」が「否定」が「批判」があります。

わたしたちが場所を変えて同じ感情を使っているからです。

そこから抜けるには**感情を一つに統合して、整えて、多角的に物事を視る目を養う**ことです。

多角的に物事を視ることで「あぁ、この人にはこれが真実なんだな、わたしはどう思うかな」

あなたに感じる自由があるように相手にもその自由があります。

あなたに自分の人生があるように、相手にも人生があります。

その中で、あなたが確実に責任を持てるのは「自分の人生」つまり、自分の感情と生き方です。

人のことは良い意味で今は横に置いて、あなたがどう在りたいかを大切にしてください。

◆終わらない？　統合

「どんなに統合をしても切りがないんです。いつになったら終わりますか」というご質問があります。

その通りです。統合には終わりがありません。

最終的にあなたが向き合うのは「目醒めなくても統合をしていきます」という覚悟です。

「目醒めなくても、わたしは自分の中を平和に整えていくために、それだけのために統合をしていきます」という最後の覚悟が決まると、「切りがない」という感情がなくなります。

目的地の意識の置き方です。

終わりがくるのを目的にしていた自分に気付き、目醒めるために統合を起こしていた自分に気付き、終わりがなくとも、目醒めることがなくとも、**ただ愛へと戻るために、いつも自分史上最高に平和であるために統合を起こすのだ**と意識を変えていきます。

その時に、「統合を続けることがわたしの生き方だからこれで良いんだ」とあなたの腑に落ちた時もう「切りがない」とは思わなくなるでしょう。

統合に終わりがきたらつまらないとわたしは思います。

わたしはいつだったか、これからも自分を信じてただ統合を起こす、目醒めなくても在り続けることだけにこれからの人生を捧げると決めました。

確か宮古島での一人旅をしていた時です。

一人で宮古島を自転車で巡り、海の音を聞き、星空を眺め、数日間わたしの愛と調和に向かうことに一致していきました。

「わたしが純粋な愛に戻れるのであればもう何もいらない」と心から思いました。

今想い出してもわたしはただ「愛」に戻りたかったのです。

統合が終わることを目標にしていたら、そこにフォーカスをあてるので「統合は終わらない」という意識で居続けます。

そうして、後ろには、「もういい加減に感情に無くなって欲しい」という思いがあります。


あなたがもうただ愛へ向かうために「統合」を起こしていくのだと思えば、出てくる感情はギフトです。

わたしも現実に生きているので、今も感情は出てきます。

でも、揺れる感情は、わたしが次のステップへと上がる宇宙からの最高のプレゼントだと知っているので、「出てきてくれてありがとう、さぁ本当の光に戻ろうね」という思いです。

あなたの目指す先を、もう一度あなたの中で見つめ直して、ただ「在る」という豊かさへとシフトしてください。

◆「国家試験レベル？」「オリンピック選手レベル？」の目醒め

お客様とセッションをしていた時に面白いことがありました。

その方は「目醒めるって超難関の国家試験レベルですね。エナさんほどの目醒めへの情熱はどうしたら持てるのですか？」と聞かれました。

大学入試には「赤本」という教材、過去の入試問題が本になったものがあります。

そうであるならばわたしは「統合を起こして目醒める」赤本をお伝えします。

世界的な有名大学に入るのは「特別に頭の良い人」かもしれません。

でも、「頭が良い」ということと、「目醒め」はまったく関係ありません。

超難関国家試験に合格する方は、強い集中力と精神の元で勉強をしたはずです。

オリンピック選手は小さな頃からオリンピックを目指して、すべてを懸けてきたでしょう。

あなたが目醒めて生きたいのであれば、人生のプライオリティは目醒めになるはずです。

わたしは長い間3次元と統合の狭間をさまよいました。

その上で、「統合」を起こして行くことが、唯一現実を抜けていくことだと知りました。

わたしにとっての統合は、どこまでも地に足がついています。

自分で決めて、自分で人生を歩いていく、これが本当の意味の自己責任だと思っています。

自己責任も、人を放っておくのも、自分に一致するも、一つ間違えると大きく道を外してしまいます。

なぜならすべてわたしが経験しているからです。

忘れないでください。あなたの目醒めは、**あなたの真実の愛と調和**へと一致していくということを。

「統合」はいつか宇宙の真理とカラクリを知っていく「悟り」へ続いて行きます。

人間として生きるために、あなたが長い間手にしてた「人間のシナリオ」のシナリオについてお伝えします。

あなたの迷いが「人間のシナリオの真実を知り」とけていきますように。

◆人間を生きるためのシナリオ

わたしたち一人一人「人間として生きるシナリオ」を持っています。

このシナリオは地球で「人間として生きるためのシナリオ」です。

人間としてのシナリオはハイヤーセルフが書き上げます。

つまりテレビドラマと一緒なのです。

あなたは俳優です。脚本家はハイヤーセルフです。あなたの人生ドラマの中で、あなた以外の人を登場人物としてキャラクター設定をします。

そうしてハイヤーセルフが書いたストーリーを、あなたは立派に主演の役者としてこなしています。

「生まれてから亡くなるまでの壮大なストーリー」は、あなたの大河ドラマです。

このシナリオには出会う人、人生の岐路になる出来事の時期など詳細に書かれています。

このシナリオはロールプレイングゲームのように選択権はあなたにあり、あなたが右へ行くと決めれば「右の道での人生が展開し」左へ行くと決めれば「左の道での人生が展開し」ます。

ここは体験型なので、味、匂い、痛みも感じることができます。

忘却のベール付き体験型ワンダーランドという舞台で、何もかも忘れて輪廻を繰り返しながら、ここでの体験と経験を楽しんでいます。

本当に長い、気の遠くなる時間、ここで何もかも忘れて決めた役柄に没頭しました。俳優が役に成り切って私生活も同じ状態になる、最優秀憑依型俳優と言われるのがあなたなのです。

誰もが自分の決めてきた、今回のストーリーを誰にも邪魔されることなく遂行できている、演じることができているのです。

誰かを憎むことも、愛することも、すべては「あなた」が書いた脚本通りに望むままに行なえているのが今のわたしたちです。


これまで長い転生の中で、「修道士」「農民」「戦士」「商人」「王様」とたくさんのキャラクターを生きてきました。

楽しいのはロールプレイングの世界で、感情を使って冒険をすることだったのですから、もう人間としての感情は充分だ、と思ったならば、シナリオの中で使う予定だった「感情」を手放して整えてしまえば良いのです。

何が起きようとも「わたし、こんなことまでシナリオに書いたのね」と感情を揺さぶらないで「統合」を起こします。

そうして、ここで使う予定だった感情を**自分が書いたストーリーであるから、何が起きても平和である**という意識へ高めていきます。

賞賛され喜び、お金を得て天狗になり、批判されて怒り、破産して絶望を味わい、こういった大きな振り幅だけでなく、日常に小さくアップダウンを繰り返しているのは本当に疲れます。

もうキャラクターを演じるのは終わりです。

舞台を降りて本当の自分を取り戻していくのです。

◆同じ感情を使い回している

統合を起こしていく最初のスタートに「人間の感情を使いきる」ということをお伝えしました。

同じ感情を使い回して、わたしたちは現実を過ごしています。

わたしは2匹犬を飼っています。1匹は11歳の女の子、もう1匹はまだ1歳の男の子です。ある時11歳の女の子が、さかんにわたしに向かって吠えていました。

もともと、とても気が強く意志がはっきりとしているところに老犬になってきたためか、最近は前にも増して怒りっぽく、それはわたしが統合しようが目醒めようが関係ありません。

頭を撫でようとすると吠え、首についているリードを外そうとすると吠え、「もう！　なんでよ！」とわたしが言葉を発した時に、頭の中に走馬灯のように過去の場面がいくつも駆け巡りました。

「あ、あの時の感情と同じだ」

走馬灯のように現れる場面に、「もう！　なんでよ！」と使った感情を載せるとその時と同じ体感がありました。

「同じ感情だ」

その時わたしは、同じ感情を使い回していることがはっきりとわかりました。

ワークショップをしていると、「過去のことが繰り返し想い出される」というご質問があります。

「何もないのに、急に過去のことを想い出すんです」

「何度統合しても過去のことを想い出します」

過去のことまで持ち出して感情を使いたい、わたしたちは本当に好奇心旺盛です。

この時も頭に浮かんだ過去の映像ではなく自分を視てください。

もしなにか心地の悪い感情があれば、「もう使わない」と決めて手放し、しっかりと光を浴びます。

過去の映像が上がってきても、なにも心地の悪い感情がなければ、そのままスルーしてください。

過去の映像でもそこに近づいてしまうと「現実」の中に入って感情に浸ってしまいます。

わたしもお姉ちゃんワンコがさかんに吠えていたので、ひとしきり「統合」を起こし、感情を整えてしっくり落ち着いて思ったのは「ワンコにも人（犬）生があるし考え方があるのよね、しばらく静観しよう」でした。

今もまだ怒りっぽいのは変わりませんが、ご飯もお散歩も病院もちゃんとできているのでこれで良いと思っています。

◆「意識の変容」が始まった時

わたしにとって統合は生き方です。

わたしはただ平和であるために24時間自分をサーチしています。

小さなころから感情をどう扱えばいいのかわかりませんでした。

孤独だったり、息苦しかったり、悲しかったり、あり得ないくらい怒りに震えたり、あなた以上にわたしは感情のアップダウンが激しく、自分でコントロールする術がわからずとても苦しい時期を長く過ごしました。

いつも人に優しくしたいと思い、犠牲が生まれました。

誰かに寄り添いたいと思い、否定されました。

皆と仲良くしたいと思い、八方美人と言われ孤立しました。

会社のためにと働き、上司の反感を買いました。

誰かに必要とされたくて感情が爆発しました。

あなたと何一つ変わりません。

そんな時に「統合」を知りました。けれど、統合の本質がわかるまで長い時間がかかりました。

現実の中で右往左往せず、何が起きても「あら、そうなのね」と一拍置いて、ただ自分の内側を視て統合を起こして感情を整えていく、そうして流れる様に心ひかれることへ動いて行く。

望む現実を具現化したり、引き寄せをするためではありません。

ただいつも平和で愛で調和で在り続けるためです。

もっと先には自分でこの世界の真実を知るということがあります。

統合を起こしていくのはあなたの気付きの道です。どこまでも大きく意識が広がり、それが途絶えることはありません。

「何が起きても平和であるために、ただ感情を整えていく」と自分の中に落としこむことができたら、この世界はこれまでとはまったく違う「美しいワンダーランド」へと変容します。

わたしは「ただ在りたい」そう自分の中で腹落ちした頃から、分離の元で、たくさんの自分が他人として生きていることを想い出しました。

動物も、植物も、自然も、川も、海も、山もすべてはわたしの分身だと想い出しました。

空の美しさ、太陽の輝き、星の煌めきに心が洗われました。

どこにも行かずとも日常という美しい世界があったことを知りました。

ある時、コンビニエンスストアの店員さんの「ありがとうございます」という言葉に涙が出そうになりました。

そうして「こちらこそありがとうございます」と笑顔で受け答えしました。

今までと同じ世界を生きているとは思えないほどに、わたしの意識は変わり始めました。

現実の輪郭が色濃く鮮やかになりました。

でもそこにのめり込むのではなく、まるで綺麗な絵画を視ているような感覚になってきました。

「感情を整えていつも揺れない平和な自分で、ただ在り続けるためにはどうしたら良いのか」と長い間、自問自答してきたパズルがどんどん整ってきました。

今ここを生きるという意識が定着し始め、未来、過去へと思考と意識が飛ぶ時間がなくなりました。

◆未来は今の積み重ね

未来は今の積み重ねです。

わたしがお伝えする「統合」は「今ここにすべてがある」という考え方です。

大切なのは**源の生命エネルギー、万物創造のエネルギーを受けとると100意図すること**です。生み出すエネルギーは愛で、調和で祝福に満ちています。これらをきちんと感じて心が軽くなる、広がる、満たされるという感覚をしっかりと体感してください。

ここであなたが過去で使った感情を統合していくことで、あなたの過去は記憶の中で変わっていきます。

「とても嫌いな人」は「気付きを与えてくれた人」へ

「辛い経験」は「人生の宝」へ

出来事は変わらなくても、あなたの中の「意識」が変わります。
あなたの意識が変わると「記憶」は「その時の出来事」を幸せなことへと変えていきます。

未来も同様に存在していません。

「人間関係の断捨離」というのを最近よく耳にします。
「しっくりこない人といるのはお互いにとって良くないので、何年付き合いがあろうともどんな恩があろうとも切る。そうすることでそこには新しいエネルギーが入りより人生が良くなる」というものだそうです。
この「どんなに恩のある人でも縁を切る」「自分がしっくりこない人は縁を切る」というのはとても痛みを伴います。

人間は現実にいる存在です。

わたしがお伝えする方法は現実には一切アタッチしません。
手放すのは感情です。

「恩があるけれど今は一緒にいたくない」であるなら「一緒にいたくない」「しっくりこない」という「心地の悪い感情」を統合してゼロの状態へ戻ります。

そうして、「今は少し距離をおこうかな」「しばらくお誘いはお断りしようかな」としてください。

曖昧な心の状態はエネルギーに現れます。

あなたが「相手に悪く思われない様に自然に距離をおきたい、このくらい断れば相手はわかってくれて離れてくれるだろう」という曖昧さです。

曖昧なエネルギーが人間関係の渦の中に入ります。

目的は神聖な本質の自分へ一致していくことです。

目の前の現実を丁寧に扱い、統合の「その先」を視て行動をするから、本質の意識である愛と調和に一致する自分になります。

そのためには表現をすることが大切です。

表現をしようと思えば必ずまた感情がでます。「こんなことを言ったら申し訳ない」とか「相手が嫌な気持ちになるんじゃないか」など。

表現をする時も自分を視て統合を起こしてゼロへと戻ります。

しっくりこないから、一緒にいてもワクワクしないからと人を切ってしまう、乗り気がしないと自分のしたいことしかしない。

この状態でいつどこで、「愛と調和と平和」のエネルギーに変わるのでしょうか。

ここはとても大切なところです。

今の一瞬が「自分至上最高に平和」なエネルギーだからこそ、一瞬一瞬の積み重ねが未来になっていきます。

「ワクワクするか、しっくりくるか」で現実を判断していると「ワクワクしないから行かない」「しっくりこないからやらない」ととても意固地な自分勝手な人になってしまいます。それだけではなく、なによりも自分の可能性を自分で閉ざしてしまいます。

2018年から一人で「統合」を起こし、ステップを踏んで行く中で気付いたことがたくさんあります。

その一つが今を丁寧に生きるということです。

今この瞬間の目の前の現実を丁寧に扱い、心地の悪い感情を手放し、しっかりと「愛」のエネルギーを浴びます。

統合を起こしていくと**オールオッケーです。どのようでも大丈夫**という意識になります。

この意識からだと、「自分から人を切る」ということはなくなります。あったとしても「一旦距離をおこうかな」「しばらくお付き合いは遠慮しよう」くらいのものでしょう。

相手が離れることはあります。

「波動が違う」と言いますが、例えば、「自分の思うように具現化、引き寄せがしたい」「お金を儲けて成功したい」「人と比べるのが癖で闘いの気持ちが収まらない」「恋愛や人間関係で感情をたくさん感じてドラマティックな人生を送りたい」などの気持ちを相手が持っていれば、自ずと道はわかれていくでしょう。

その時あなたは寂しい思いをするかもしれません。

けれど、ここまで真摯に統合を起こしてきたあなたは執着を外し、依存を外し、恐怖を外し、また一つのステージを上がっています。

そして、あなたは「本当は一つだった」ということに自分で気付くのです。

大切なのは、意識を変えて「平和」である状態を今日よりは明日、明日よりは明後日と少しずつ長くしていくことです。

わたしたちは簡単に現実に意味を見出して現実にのめり込んでいきます。

そのためいつも冷静で落ち着いた状態が癖になるのです。

目醒めのステップ⑦ ～体験と経験をやめる～

決して消滅することのないわたしたちは人間ドラマを楽しむためにここにいます。

ただ起きている出来事を視て、体験と経験をしているのはわたしたちの心の中です。

エレベーターが来ない「焦り、イライラ」

電車が故障で止まった「不安」

これらはすべて自分の中だけで体験と経験が起きています。

体験と経験をもうしない！　と決めます。

これは物事を正しく視る訓練です。わたしたちは自分の感情から物事を視ます。

同じ出来事を見ても、感情によって真逆に受け取ってしまうことがたくさんあります。

ここをただ中立に起きているという視点へ戻していきます。

一喜一憂をやめると意図していると、わたしたちの強いパワーはいつまでも「一喜一憂」を続けます。

何かあれば「あ、またやっちゃった」「あ、またやっちゃった!」と一喜一憂を常に体験し続けます。

ですから、さらに一歩引いて「体験と経験」をやめていきます。

ここで、「ディズニーランドに行くのは体験だからしてはダメですか?」という質問があります。

ディズニーランドに行くのは「わくわく」「楽しそう」というシンボルに従う「行動」です。この時に上がってくるのは、「お金がない」(不安)「一緒に行く友達がいない」(孤独)などの感情です。

体験しないで、上がってきた揺れる心地の悪い感情を手放します。

感情を「体験、経験しない」のです。

この時にもわたしはテレビを使いました。

ただ出来事として「ドラマ、映画、ニュース」を眺めます。

心地の悪い感情が上がってきたら、「愛に還す。光に還す。感謝に還す」と心の中でコマンドをかけます。

手放すのはもちろんですが、ここからは「捉えたら、すぐに変容する」ことに意識を向けます。

充分捉える癖はついているので、もう感じる前に「変容する」のです。

ここで大きく統合のステップを上がることになります。

統合を起こすのは感情を整えるため、わたしは「手放す」よりも「受けとることが大切」と思っています。みなさんとても手放し上手です。反対に受け取るは不得意な方が多いのです。

ここからは100の意図で「愛に、光に、喜びに、祝福に」とあなたの心地悪さを変容していきましょう。

◆恐怖は宝物

わたしたちを1番足止めさせる重たい感情は「恐怖」です。

ここに至るまでわたしもたくさんの「恐怖」を体験しました。

恐怖は攻撃をします。

恐怖は足止めをさせます。

わたしの主人は愛煙家です。

タバコがないと生きていけませんが、わたしは気管支ぜんそくを持っています。

もともと肺が弱く肺炎にもかかることも多かったのです。

特に春や秋の花粉の時期は辛く、一度発作がでると一晩眠れないことも数年前までは多くありました。

その日わたしは、花粉症のシーズンで朝からくしゃみ、鼻水に加えて喘息の発作がでていました。

薬を飲み、吸入器を使い症状を抑えたところに主人が仕事から帰り、すぐにタバコを吸い始めました。

いつもならばそこまで気に障ることがないのに、その日は感情が高ぶり「もうタバコをやめて欲しい！　わたしが重病になっても、あなたはわたしの前でタバコを吸うよね！」と怒り、主人と険悪な雰囲気になりました。

その夜に統合を起こし落ち着いた時に「わたしは喘息が恐いんだ、病気と死が恐いんだ」とわかりました。

父も母も肺が弱く、父は肺の病気で亡くなっています。闘病の辛い状態を何年も看ていたので、わたしの中で「喘息と肺炎」そして「死」が「恐怖」で絡み合っていたのです。

丁寧に何度もその恐怖だけを統合し、「わたしの人生と父の人生は違うもの、わたしは目醒めて自分の人生を生きる」としっかり決めて、翌日主人に「もう大丈夫だから、タバコをうちでたくさん吸ってくださいね」とメールをしました。

その日主人は電子タバコを買って家に帰ってきました。

前日、主人の会社でタバコの規制があり、これまで各階にあった喫煙所が2カ所になり、それも酷く環境の悪いものになったと話してくれました。

人間は関わっているようでいて、それぞれの人生のシナリオを生きているんだともその時、明確にわかりました。

関わっていないけれど、学びを共にしているチームであることも、間違いないのです。

恐怖はわたしたちを足止めさせます。

2018年の6月「宮古島に行ってみたい！」と思いましたが、すぐに「周りはカップルとか友人同士かな、移動手段はどうしよう、日中一人じゃやすることないかも、エステ受けたいけど、高いな」とたくさんの引き止める言い訳がでてきたのです。

この「どうしよう」というザワザワした心地の悪い思い。きちんと統合を起こしたら一人で旅行することの「不安と恐怖」が根底にありました。

恐怖という扉の前にはたくさんのつっかえ棒があります。

現実に言い訳をさせて次へ進むのを阻みます。

この言い訳を丁寧に脇によけて「恐怖」の扉を開けます。

外すのは「感情」です。

手放して、変容するのは「感情」です。

言い訳は現実に意味を持たせようとします。

「一人で旅行なんて寂しいって思われないかな。実際に行って心細くなったらどうしよう、夕飯に行きたいレストランがあるけど一人じゃ行けないし」

そうしてあれこれ理由をつけて「今はタイミングじゃないから」と動かずにいさせます。

でも本当は行きたいから、ぐずぐずと思考の中であーでもない、こーでもないを繰り返します。

結局のところ行っても行かなくてもどちらでも良いのです。

大切なのは現実に意味を見出さずに、重たい感情を軽やかにしてスッキリすることです。

だから統合を起こして、シンプルに「行きたいから行く」、そうして行くならば「統合のために」行けばいいのです。

「恐怖」は大きな扉だと言われます。


忘れないでください。

手放すのは、変容するのは感情です。

「統合」を起こして、あなたは自分に1番しっくりとくること、落ち着くことを「自分」で選んでいくのです。

だから恐くありません。選ぶのはあなたです。

主導権はいつもあなたにあるのです。

◆情報を遮断する時

統合を起こす過程では一度情報を「遮断する」時期があります。

これは統合のステップというよりも「自分を見つめる」ためです。

インターネットからもニュースからも情報が溢れています。

これらの情報にいつも自分をさらしていると、意識が外を向き続け落ち着くことができません。

統合の総ざらいを始めた時、一人で家にいる時はテレビもインターネットも見ませんでした。

もちろん家族は見ていますが、わたしはインターネットを見たりして意識を向けませんでした。

その頃は自分と向き合い、統合のためにすべてを行ない、自分のために表現と行動をしていました。

でも、それはまったく自分勝手にならず、むしろ面白いくらいに周囲と調和がとれるようになったのも新しい気付きでした。

そこで、「調和がとれるようになった」と現実に目を向けると、現実を整えるための行動が始まります。

うっすらと相手の顔色を見て、相手の気持ちに添ったことを言おうとします。

いつも自分を細かく視て、何度も自分に意識を向け直し統合を起こし、しっくりくることを行動と言葉で表現します。

統合を起こして、高い周波数で安定してくださいとわたしはお伝えします。

「これから皆さんはお花になっていくんです」とも伝えます。

花は何もしなくても、ただそこに在るだけで高いエネルギーを出し、わたしたちを癒します。お花と違うのは、わたしたちは自分の意志で動くことができます。

高いエネルギーを発しながら、あなたの心地良さに従ってしっくりくることに動いて、どこまでも高い視点になっていくのです。

それが目醒めの道の楽しい生き方です。

◆偏りを無くしていく

感情を一つに整えていく「統合」という手法はスピリチュアルの世界から広まりました。

わたし自身、統合を何年も行ない、これは「スピリチュアル」に留まるものではないとはっきりお伝えできます。

「統合」は「強力なメンタルトレーニング」です。

まだまだスピリチュアルと現実世界では乖離《かいり》があります。

これは両方の向いている視点が正反対のためです。

この分離も失くす時です。

スピリチュアルには「引き寄せ」「宇宙」「天使」「龍神」「宇宙人」など現実の世界にはない言葉が羅列します。

現実の世界は、科学的に証明できないものは否定するという傾向があります。

スピリチュアルは、他力本願で夢見がちで、浮き足立った現実離れしたものという認識があるのかもしれません。

「家族に統合をしていると言えない」というご相談も伺います。

けれど、統合は「平和」な自分軸を創るものです。

現実を見て、自分の進む先を自分で選ぶことは当たり前のことです。

わたしからすると、噂や、ネットやテレビの情報を鵜呑みにして右往左往することのほうがおかしなことです。

あなたが得た情報が本物でなかったらどうしますか。

「これは真実だ」と皆が言っても、本当は真実じゃないかもしれません。

疑ってかかれと言っているのではありません。

わたしたちは自分で決めるということをしてきませんでした。

一見自分で決めているように感じても「親」「世間」「パートナー」「友人」「多数の意見」など自分ではないものに意識を向けて自分の人生を決めてきました。

空気を読むという言葉は正にそうです。

自分は違うと思うけれど、ここで違うと言うと反感を買いそうだから、みんながそう言うから、強い意見を持つ人に流される、今の世の中を見ても誰も自分で決めていないのです。

誰かに自分の行く道を決めてもらわねば動けない。

自分が決めていないから、否定や批判が起こります。

自分の行動は自分で決めていくことで、自分に責任を持つことができます。

誰に流されることなく、自分で決めたという思いがあるから後悔しません。けれどそれはエゴではなく、あなたの「純粋な愛」に基づいていることが何よりも大切です。

一つの出来事に対して、統合を起こそうとすると次から次へと心地の悪い、揺れる感情がでてきます。

ハワイに行きたいな、でも仕事が家族がお金がという不安、ここで感じる心地の悪い感情を手放して、あなたの本質へ変容に、ゼロへ戻り、一旦ハワイを横に置き、「さぁ、どうしようかな」ともう一度感じてみます。

「今ではないな、いつか家族皆とハワイに行きたいな」

「今回はやっぱり一人でも行ってみたいな」

現実はあなたの不要な感情を炙り出すツールです。

ここまで揺れる感情を変容し、自分で決めたあなたは「自分の軸」という一本の筋が通ります。

あなたは「統合のその先」で在り続けてください。

丁寧に現実を使い揺れる感情を一つに整えていく。

どんどん意識の置き場所を変えていくのです。そうして不動で、純粋な愛の自分軸へあなたの足で向かって行くのです。

目醒めのステップ⑧ 〜統合を手放す 目醒めを手放す〜

いよいよ「統合」を手放していきます。

「統合」を起こすのは「分離」があるという視点からです。

「統合」「統合」と意識が強く向き続けていると、いつまでも「分離」が終わりません。

統合を手放したからといって「統合」をしなくなる訳ではありません。

もうあなたは「統合」をしないと気持ちが悪くなっているはずです。

ここからはまた一歩踏み込んですでに「統合」されているという状態へ意識を置いていきます。

そうしてもう一つ「目醒め」を手放します。

いつの間にか「目醒め」が執着になっていたことに気付きましたか。

最初はそれでも良いのです。

「目醒めるため」「悟りを得るため」と未来に向けて統合を起こすのも、基礎を創る上での機動力になるからです。

でも「目醒めるため、目醒めるため」としていると意識が強く「目醒め」にフォーカスして、執着になっていきます。

執着はエゴにより強化されて、「人と比べたり、こんなに頑張っているのに出来ていない」などの優劣、自分へのダメだしをはじめます。

目醒めても、目醒めなくても、ずっと統合を起こす。

そうして、「自分で選択して決める」という「自分軸」で「目醒めた生き方」をして平和で、愛で在り続けるのです。

逆に「目醒めなければ統合を起こさないのですか」ということです。

「反転」「覚醒」は単なる副産物です。

つまりおまけです。

「反転」「覚醒」をしなくても、自分の真実を見つけてその先へ向かうことが大切です。

わたしがお伝えしている統合のステップとステップの間で、あなたが真実に気付いていくことが何より尊いのです。

意識の反転という覚醒を起こしても、また3次元へ戻ってしまうことは多くあります。

「反転」「覚醒」を起こしても、起こさなくても、平和で在り続け、自分の真実に気づく生き方こそ、目醒めた生き方なのです。

◆「目醒め」はなぜ起こるのか

あなたが「平和」で在り続けることが大切。

そうは言っても、なぜ「目醒め」という「覚醒」が起こるのかお伝えしましょう。

ステップ1でもお伝えしたように「クンダリーニ覚醒」と「覚醒」は違います。

「クンダリーニ覚醒」はこれまで繋がるという意識だった宇宙が、自分の後ろにあることがわかり、宇宙からどんどん情報を引き出すことができるようになります。

「目醒め」て生きるとは地球の爆風を抜けた先で「ハイヤーセルフ、つまり聖なる自己」で生きることです。

目醒める前の「わたし」は地球で存在するための3次元の自己（自分）です。

この自己（自分）にはエゴという個性があり、まだ自己（自分）とエゴが分離しています。

統合を起こすとだんだんハイヤーセルフが薄目を開けてきて、ある時期は「わたしという意識（3次元を生きる自分）」、「エゴ」、「ハイヤーセルフ」の3つの人格が1人の人間の中に存在していることがわかります。

この「3次元の意識（自分）」は地球の制限の中を生きるためのものなので、意識の広がりには限界があります。

統合を起こし感情を整え続け、「ハイヤーセルフ」と乗り換えると、意識はどこまでも拡大することができるようになります。

「ハイヤーセルフ」という聖なる自己には、意識の広がりに限界がないからです。

何が起こっても「あら、わたしこんなこともシナリオに書いたのね」と、感情を整えていくことで「3次元を生きる意識（自分）の役割」が完了します。

3次元を生きる意識は、感情を感じて体験するためのものなので、あなたが3次元を体験・経験しないのであれば、もうすることがないのです。

3次元の意識は役割を終えるので、ハイヤーセルフとの乗り換えが起こります。目醒めても何か違うものになるのでもなく、まったく別人になるのでもありません。過去世で体験・経験してきたすべてのカルマが解消されます。

同時に過去世、パラレルに散っていた意識、これまでのすべての人格が統合されてとても心地が良くなります。

これからあなたは、自分で見極め、自分で選択し、自分で決めて生きて行くのです。本当の意味の「自己責任」で生きることはとても楽しいのです。

まだまだ、「自己責任」という言葉は「ネガティブ」に捉えられがちですが、自分で決めるという潔さはとても気持ちの良いものです。

それぞれが統合の先を見据え、本当の「自己責任」の元で暮らすことは、とても風通しが良く、伸び伸びと自由な本当の調和だと言えるでしょう。

◆目醒めに向かわない統合

せっかく統合を始めたのであれば、目醒めへ向かう統合を起こしてください。

神が眠りについた道です。ここからまた「神である自分を取り戻す道」は脇道とトラップが多く、間違えてしまうと今以上に深く眠ってしまいます。

陥りがちな「目醒めない統合」の例をお伝えします。

①いつもではなく、たまに感じた時にだけ統合する

統合は「悟り」の道です。高僧や聖者が望んだ道です。生き方を完全に変えなければそこには達しません。

あなたがわたしと同じ様に、3次元の生き方をしていたのであるならば、趣味や片手間で到達する世界ではないのです。「私は目醒める」と決めてください。

②「好奇心」に従って自分が1番やりたいことだけを選んで貫いて実現する

「自分の好奇心に従い、やりたいことだけをすることが自分に一致すること」と、シンボルではなく具現化することに意味を見出してしまうと、現実を具現化するための統合が始まります。

現実を具現化するために、「こうなって欲しい、この人はいなくなって欲しい」と様々な欲やコントロールができます。

郵便局員や宅配便のドライバーがワクワクしないからと配達をしなかったら、わたしたちの生活は賄えません。

「ワクワクしないから仕事をしない」のであるなら、あなたの分を負担する人が出てしまいます。

「自分に一致する」をはき違えると破滅します。

「どこまでも自分の1番を選んでいく」これも同じです。

1番しっくりくることをシンボルにしていくのは、変容するべき感情がたくさん浮かび上がるからです。

一見統合を起こしているように視えて、実は現実に意味を見出して選んでいることを知ってください。

③統合をすると成功する、お金持ちになる。「成功する」と「引き寄せのツール」とを混同している

この世界がイリュージョンであるならどうして、イリュージョンの世界での成功を求めるのでしょうか。「統合したからお金がもらえた」「現実でこんな良いことがあった」というのは典型的なものです。

「イリュージョンだからこそ（ニセの世界だからこそ）、ここで成功したい」というのであれば引き寄せや具現化のツールをおすすめします。

④思考優勢でいつも疑問を生み続ける

宇宙はシンプルです。究極は現実を視て揺れる感情を、ただ自分の平和へと戻すだけです。

そこを複雑に、思考とエゴが分析して情報を処理しようとすると、ひずみが生まれます。

思考がこれまで何を解決をしてくれたのかを想い出してください。

思考があなたを無理に納得させて、あなたの心に負担をかけていませんか。

誰かからの情報、文献をたくさん読んでも、あなたの真実はそこにはありません。

思考は眠りの世界で存分に遊ばせてくれました。もう思考での遊びを終わりにする時です。

「わからない」を手放して、自分で答えを導いてくる練習をすることが大切です。

⑤自分にダメだしをしながら統合している

自分にダメだしをしないのは基本の中の基本です。この癖があるとせっかく統合を起こしても「出来ていないかもしれない」、「人と比較して自分は劣っているんじゃないか」と、どんどんダメだしが始まります。

これだけたくさん統合を起こして自分を整えているあなたを、あなたが認めてあげないならば誰がそれを認めてくれるのでしょう。

例え「あなたはすごく頑張っているよ」と言われても、自分にダメだしをする癖がついているとその言葉も耳に入らず、自分を傷つけ続けます。

実はあなたがあなた自身を傷つけていることを知ってください。

⑥過去世の自分と統合をしたり、天使やマスターと一緒に統合をする

あなたを目醒めさせないためのトラップです。

天使やマスター、過去世の自分と統合をしていると「統合した気分」になります。

ゼロは意識の中で、周りに誰もいない状態だからこそ集中できます。

統合は自分のエネルギーの中だけで集中して、１００％決めて行なうものです。

◆わたしの大きな勘違い

過去、間違えた統合のアプローチの中で、一つの大きな勘違いをしていました。

それは、感情は倉庫にしまってあって、どのような形でもその中の感情を全部捨ててしまうことができれば「愛と調和に目醒めるはず」というものです。

つまり、わたしの中に「感情の倉庫があり、そこにはネガティブと呼ばれる感情が荷物のようにたくさん積んである。まるで引っ越し業者のようにネガティブな感情を運び出せば、いつか空っぽになるはず」という大きな勘違いをした上に、ワクワクすることしかしないという爆薬付きでした。

その上、意図が大切という基本を知らないので、儀式のように統合パフォーマンスワークをし、時には人を統合し、天使やガイドを呼び、集中することなく、何か起こった時だけ統合をする。やりたいことしかしない、日中は感じっぱなし、そんなことを何年も繰り返し、ヘトヘトになりました。

「こんな状態で、いつわたしの心は愛と調和に満たされるんだろう」といつも疑問に思っていましたが、どうしたら良いのかわかりませんでした。

今になるとその勘違いがわたしの糧になっていますが、あの頃は、迷い道の中で毎日統合の本質がわからず、泣いていたことを想い出しました。

◆24時間自動統合

目標は24時間の自動統合ですが、簡単にそれが起せるのであれば、もうほとんどの人が目醒めているはずです。

統合は基礎が大事です。

統合のスタンス、理論をきちんと自分の中に落とし込んでください。

正しいステップを踏んで、あなたは将来的にただ美しく、そこにいるだけで周囲のエネルギーを上げていきます。

初めて自動的に統合が起こったのは、自分で統合をはじめて半年ほどたったころです。

初対面の人ばかりの食事会の中で、勝手にどんどん緊張や、不安の感情が手放されていくのがわかりました。

その頃からとても統合が楽になりました。

新世代の「悟り」への道は解明されています。

けれどその道は真剣に、着実に進んでいくものです。

わたしはもう、24時間統合を起こして平和でいないのは気持ちが悪いのです。

「いつもスッキリとクリアでいたい」のです。

自分がそうしていたいから「統合」を起こします。

「統合をしなければいけない」は必ず行き詰まります。

「しなければ」という重さは苦しいのです。

エゴのことも、思考のことも、現実のことも、すべてカラクリが解かれていますので、それを知って、これまでのように存分に台風に揉まれているのも一つの在り方です。

本当の意味でそこに優劣はありません。

目醒めて生きる

◆統合の7つのトラップ

統合を起こしていく上ではいくつか陥りがちなトラップがあります。

①自分にダメだし
②無の状態になる
③面倒くさい（つまらない）
④言い訳
⑤正義
⑥動かない
⑦現実に意味を見出だす

①自分にダメだし

1番やりがちなことです。人と比べたり、こんなんじゃダメだと自分を責めたり、わたしたちは自分を傷つけることに慣れてしまっています。

頑張っているあなたを、あなたがちゃんと認めてあげることが大切です。

② 無の状態になる

何も感じていない、けれど重たい状態です。統合を起こして感情が整うと、すっきりとします。見過ごしがちですが、しっかりと「無」を手放していきましょう。

③ 面倒くさい（つまらない）

面倒くさいは強力です。なんでも面倒くさくしてしまいます。「家事も面倒くさい、仕事も面倒くさい、考えるのも、統合するのも、ぜーんぶ面倒くさい」と面倒くさい一色に変えてしまいます。

④ 言い訳

言い訳は下にある感情を隠します。隠れているのは、プライド、無価値感、罪悪感などの感情です。何も恥ずかしいことはありません。どんどん光をあてて統合を起こしていきましょう。

⑤ 正義

正義はとても気持ちの良いものです。けれど、正義があるから悪を生み出します。

すべてはそれぞれの学びの中で、協働して生きているのだという視点に立つと、正義という観念は小さなものだと知ることができます。

⑥動かない

現実を視てしまうとしっくりくるまで、スッキリするまで動けなくなってしまいます。これはどちらを選んだら正解かという見方だからです。視るのは必ず自分の状態です。より自分がしっくりとすっきりとすることを、現実とは関係なく選んでいきます。

⑦現実に意味を見出す

「出来事にはすべてメッセージが含まれている、サイン、シンクロニシティ、必然、最善のことが起きている」という見方です。

3次元を楽しく遊ぶにはそれも良いですが、「目醒め」「真理」「悟り」へと向かうのであれば、そういった意味付けの遊びを一旦やめていくことが大切です。

出来事は単なる出来事であり、そこには意味はなく、メッセージ、サイン、シンクロニシティと意味付けしているのです。

◆最大のトラップは正義

わたしは「正しいことを言っている」「正しいことをしている」という正義感はとても気持ちの良いものです。

自分と違う意見を聞いた時に「あなたの言っていることは違う」と簡単に判断（ジャッジ）してしまいます。

「正しい」があるから「正しくない」という対極が生まれます。

「正しい」はとても気持ちの良いものです。

わたしたちの世界は「正しい」、「正しくない」という善と悪にわかれています。

現実はもちろんのこと、テレビドラマ、映画もすべて「善悪」にわかれています。

「善悪」は地球の観念です。

「善悪」はルール、規則を生みます。

「善悪」はコントロールを生みます。

「善悪」は罰則を生みます。

「善悪」はありません。

あるのは「それぞれが自分の学びを遂行している」ということです。

誰かの言動にその都度反応し「わたしそうは思わない、いかがなものか」と反論しているのは疲れます。

誰かを何かを見てイライラしている時、心の中では闘いが起こっています。

その小さなイライラや、怒りがいつか大きい戦争へと進みます。

闘いや戦争は誰も幸せにしません。

結局のところ、ネガティブな感情を手放す最大の理由は「自分を苦しめ、傷つけるものだから」です。

傷つき、苦しい気持ちを埋めるように、人は外側に自分を満たしてくれるものを求めます。

けれど、外側は空なのでなにも自分を満たしてくれません。

さらに心は殺伐として自分の中に愛を見失い、愛を見失った言動を起こします。

真実は、すべての人の中に「愛」という「源」があること。

そうしてわたしたちは大いなる魂の計画の元、地球で学んでいる仲間だということが紛れもない真実なのです。

目醒めのステップ⑨ ～ただ平和であるために～

統合のステップの最終章です。

これまでたくさんのステップを上がってきました。

ゼロの状態、落ち着いて、冷静な状態は長くなってきましたか。捉えて手放して愛、感謝、豊かさ、平和、へと戻す癖はつきましたか。

統合のその先でただ「在る」と意識できるようになりましたか。

ここからは先はもう一生変わることがありません。

ただ、「平和で愛で在るため」に「手放す」。揺れるから不快だから、わたしが「平和」で「愛」でいるために手放す。

意識は未来にも過去にも飛ばず、今この瞬間を捉えて100％の意識を向ける。

自分の中の愛と調和をずっと見つめながらワンダーランドを楽しく動いて、存分に生きていく。

これまでとはまったく違う、正反対の生き方へとわたしたちは変容していくのです。

◆コマンドをかけて手放すワーク

ザワザワとしたものを捉えて手放すと同時に「コマンド」をかけて手放すという統合もしていきましょう。

わたしがお伝えする統合は、今この瞬間にすべてが存在します。

感情や過去を分析をして探りを入れたり、感情を探しにいったりはしません。

「コマンド」をかけて手放すのは「探り」とは違います。

「コマンド」、つまり意識に指示を出して「根底に持っている大きな感情」を崩していく方法です。

統合のやり方は「マカバを使った基本の統合」で行ないます。

統合するものは「怒り」「無価値感」「恐怖」「悲しみ」「嫉妬」などいつも使ってしまう感情です。

～コマンドをかけて手放すワーク～（音声ワーク3）

①四位一体のゼロの状態になり、足元のフラワーオブライフと身体のまわりのマカバを視て「わたしの〇〇」と自分自身の中の感情に指示を出します。

この「〇〇」は私の恐怖、私の不安、私の無価値感などいつもパターンとして使ってしまう感情です。

②手を磁石にして、心地の悪い感情がどこに上がってきているか手でスキャンします。手でスキャンをしたら、その心地の悪い感情を引っ張り出してください。まるで砂鉄のように感情が手についていきます。

③スピーディに手放すことが大切ですので、そのまま頭上の源に放り投げてください。放り投げたら深呼吸です。

④過去に使っていた〇〇、パラレルで使っている〇〇、未来に使う予定の〇〇とコマンドをかけて身体と細胞、オーラに上がってきた感情を、先ほどと同じ様に手

を磁石にして身体から引っ張り出し、頭上の源に放り投げてください。

⑤今手放した心地の悪い感情が、源で浄化されて虹の光のシャワーになってあなたに降り注ぎます。

⑥虹の光はあなたを通りレディ・ガイアまで届きます。

⑦溢れるほどの虹の光が源からあなたとレディ・ガイアへ降り注ぎ、虹の光はあなたの身体を溶かしていきます。あなたはただの光へと変容していきます。あなたへ注がれ続けている虹の光は宇宙へと広がっていきます。

⑧源も、星々も、地球もあなたの虹の光が包括しています。あなたの肉体は宇宙に広がった虹の光と同化しています。そのまま虹のエネルギーに身を委ねてください。

「愛、平和、豊かさ、喜び、祝福」こういった高い波動があなたの中に存在していることを想い出してください。

⑨ゆったりと深呼吸を数回してください。

⑩今、宇宙に広がっている肉体をもう一度ここで顕在していきます。肉体へと意識を合わせます。

⑪肉体を意識できたら、宇宙に広がっている虹の光をあなたのハートへと一気に

集めてきます。

⑫スーッという音をたてて宇宙に広がっている虹の光があなたに集まってきます。一筋の光も残さないでハートへと集めます。

⑬ハートに虹の光がぎゅっと集まったら、あなたのハートはふわりと花開き、虹の光があなたの肉体へまず行き渡り満ち満ちていきます。

⑭肉体を虹の光が満たしたら、あなたを包んでいるマカバへと虹の光が流れていきます。

⑮マカバの中を虹の光がキラキラと満たしていくのをみてください。マカバの外へはこの光は出さないでください。あなたの光、エネルギーは自分で確保します。

⑯この中でもう一度あなたの平和と愛へと意識を向け何度か深呼吸をし、瞳を開ける時にはマカバと足元のフラワーオブライフが虹色に輝いているのをみてください。

このようにして、過去から長く使ってきた感情を根こそぎ統合し、過去、パラレル、現在、未来、どの視点から視ても「軽い」という状態に整えていきます。

時間のある時にどんどん意図して手放していってください。

◆豊かさという世界

「豊かさ」はお金に換算されるものではありません。

豊か＝お金という方程式は地球独特のものです。

「宇宙はシンプルで出したものを受け取ります。だからあなたは望む周波数で在り続けてください」とお伝えしていますが、ある時に「エナさんの世界でも戦争も殺人も事件もあるんですよね、それは愛でも調和でも豊かでもないですよね」とご質問をいただきました。

わたしからすると、地球で起きているすべてはまるで一枚の美しいスカーフのようです。

ある一つの模様が欠けていればスカーフは完成しないのと同じ様に、今この瞬間起きていることはそれぞれの魂が体験、経験しようと決めたことを地球という舞台の上で、存分に体験、経験できていると視えるのです。

わたしはすべてから「豊かさと宇宙の愛と調和」を受け取ります。

魂は死にません。

仮に一度しか人生がないのであれば、孤独の中で亡くなる方、絶望という一生を過ごした方、生まれてすぐに亡くなる命などにとってそれは無慈悲で、なんの学びもありません。

そこには虚しさしかありません。

けれどそうではなく、魂の大いなる計画の元で体験し経験したくて、感情を細分化して現実に意味を見出して、分離に分離を重ねて、わたしたちはまた一つの意識へと戻る道へ入ります。

あなたがやりたいことを存分にできる恩恵。

これが本当にわかった時に「豊かさ」という意味が、あなたの中にはっきりとわかります。

先日、立ち話をしながら自分の苦労話に終始している二人の女性を見かけました。その横を通りすぎ、歩いていると今度は浮浪者と言われる人が目の前から歩いてきました。

わたしからするとどちらも同じです。「シチュエーションだけを変えて、人間として同じ感情を使っている」のです。

本人が体験したいと望んだことを、今ここで体験出来ているということがわかったら、もうこの生き方はしないと決めるのです。

統合は現実にはアタッチしません。つまり状況が同じでも感じ方、意識を変えることをお伝えしています。

その後で現実があなたに追いつく様に変わりますが、ここは強調しません。なぜなら、現実が変わることをお伝えすると、いつのまにか「現実を自分の思う様にしたい」という具現化のために統合を起こしてしまうからです。

わたしが皆様に望むのは、何があっても揺れない、ブレない「平和」な自分軸だからです。

3次元の狭く創られた、支配された世界からのものの見方ではなく、もっと高い視点から見てください。

この世界は箱の中にあって、本当のあなたはそれを上から眺めている存在なのです。

◆集合意識も自分から

わたしたちに自分のシナリオがあるように、集合意識にもシナリオがあります。

大きな戦争、大惨事と呼ばれるもの、こういったものはその時の集合意識がどういう状態かによって次に進む道が選ばれていきます。

2020年は大きな岐路の中です。

人生にはすでに魂の大いなる計画の元に書かれたシナリオがあり、ある岐路で右の道を選べば右での人生が始まり、左の道を選べば左の人生が始まります。

ここでどの道を選んで行くかを見極めるのは「わたし」という意識です。

「わたし」は集合意識の一つを担っています。

大きな岐路では、一人一人が自分の中の平和を視ていくことが大切なのです。

物事を視て自分で決めていくことで、あなたの生きる世界はいかようにも変化していきます。

恐怖と不安から物事をみるのか、今は静観し、人々は皆それぞれの持ち場で懸命であることを知り、自分にできることを粛々と行なうのか。

2020年からの数年間は、自分と向き合い自分がどのような感情を持っているのかを精査する時なのです。

そうしてあなたがまず集合意識を抜けてください。

わたしから視ると、地球の上には大きな周波数がどんどんと置かれています。これを取り込んで細分化し感情として感じます。

そうして、一人一人感じている感情がエネルギーとなって広がり、結びつき網の目のような集合意識へとなっていきます。

この集合意識の上に地球のコントロールシステムがあります。

観念、概念、ルールなどはここにあります。

さらにその上に大気圏があります。

この大気圏を抜けて宇宙の磁場で生きることが「目醒めた生き方」です。

地球のルール、観念、概念という制限を超えて、愛と調和という意識で物事を見極めて、選ぶ。けれどその生き方は「宇宙」と同調して「愛と調和」で在るということが目醒めた生き方です。

大気圏の上の宇宙意識へ立つためには、着実に今あなたが持っている感情という「重し」を外して、本来の軽やかさへと戻っていくしかありません。

◆「目醒め」の景色

現実は出来事が中立に起きているだけです。

わたしたちは自分の感情を通して、現実を楽しんでいます。

ここに気付いていくことが大切です。

つまり、もう本当に「目醒めて生きよう」と思うならば「目醒めること」ができるのです。

統合には「基礎」があります。それは「理論とステップ」です。そして「アプローチ」も大切です。

何度もお伝えしますが、「基礎」をしっかりと自分に落とし込むこと、そこから先は応用です。

覚醒者と言われている人々が伝えることは同じです。

それは真実は一つしかないからです。

真実をどの角度から視て表現しているか、なのです。

つまりペットボトルのラベルを読むか、上から視るか、下から視るか、という違いです。

統合を起こしてあなたが目醒めれば、自ずと周りは上がってきます。

けれど、あなたがまだまだ3次元に同調し、共感し、「誰かのために」としていても、同じ土俵であーだこーだをしていては何も変わりません。

人は自分の学びを変えません。

唯一、あなたが目醒め宇宙意識というところから発する言葉（エネルギー）のみ人に影響を与えることができます。

でも「誰かのため」ではなく、「自分のために表現する」ことが大切です。

わたしたちは皆、源という宇宙意識を自分の中に持っています。あなたが目醒め宇宙意識から表現をすれば、必ずそれは誰かの宇宙意識に響くのです。

そうしてその言葉（エネルギー）を頼りに人が目醒めてくる、だからまずはあなたが目醒めの先駆けになるのです。

◆一瞥体験から完瞥へ

一瞥体験《いちべつたいけん》とは宇宙意識を垣間見することです。

完全に目醒めるまで、わたしは何度か一瞥体験をしました。

数時間、長い時には数週間、数ヶ月「世界のすべては愛しかない」「感謝しかない」などの高い意識の「至福」という状態が続きます。

その期間はネガティブな感覚は一切なく、重たい感情も空っぽで「目醒めたのではないか」と感じます。

わたしの感覚で言えば、一瞥の期間はフワフワと魔法の絨毯に乗っているような感覚です。

けれど、日を追うごとにだんだん心に霞がかかり、ある時に、ある言葉、ある出来事を境にドンと落ちるのです。

一瞥体験はふわーっと宙に浮き、とても気持ちが良いのですが、自分でコントロールできないので、とても不安定な時期でした。

わたしのワークショップでは3、4回目辺りから70%ほどの方が一瞥体験を起こし、最後の2回目辺りでは80%以上の方が一瞥体験をします。

けれど、本当の目醒めは一瞥ではなく、100%の完全なる「瞥《べつ》」です。

「完瞥《かんべつ》」[注]をしても、そこからさらに自分を律しないと、まだまだ弱い目醒めなので簡単に元に戻ります。

注）作者の造語。一瞥という、ちらりと悟りの世界を垣間見る事ではなく完全に覚醒するという意味。

一瞥体験は自分の意志とは関係なく、ある時にその状態が失われますが、「完瞥」を起こすと自分の意志さえあれば先に進むことができるのです。

「真理」を自分で知る「悟り」は完瞥の先にあります。

でも、目醒めを目的にしないで欲しいと心から思います。

握りしめて執着をしては、それが欲へ変わり、自分と人を比較し、自分にダメだしをしてというループにはまります。

焦らなくてもしっかりとステップを踏めば「目醒め」は必ず訪れます。

それはわたしが体験してきたことだから「大丈夫です」とはっきりお伝えできるのです。

◆スピリチュアルの終焉

長くスピリチュアルの世界に身を置いて「カウンセラー」としてセッションを行ない、ワークショップも数々行なってきました。

ワークショップでは揺るぎのない自分軸へと確立する「魂の自立の道」をお伝えし

ています。

自分軸とは自分を取り戻すこと。

ある時にははっきりと「わたしは自分を取り戻した！」と自覚したことがあります。それまでも「統合」は本当の自分を想い出す、ありのままの自分に戻る作業とずっと聞いてきましたが、はっきりと「本当の自分」を自覚したことはありませんでした。わたしが体験していないので、あやふやな中で「本当の自分へ戻る」ということをお伝えすることはできませんでした。買い物の帰り道、いつもの景色の中を歩いていた時に、フッと自分の中心に入りました。

その時ははっきりと「わたしを取り戻した」と自覚しました。

エゴ、わたし、魂、ハイヤーセルフと様々にわたしは分離をしていて、どれが本当の自分の考えなのか、どうしたいのか、まったくわからなかった時間はとても長く辛い時間でしたが「統合」で感情を整え「自分を取り戻し、平和な自分軸を創ることができるんだ」とはっきりとわかってから「統合」をスピリチュアルの世界だけに留めたくないと思いはじめました。

本当のスピリチュアルとは「スピリチュアリティ（神聖な精神性）の確立」、つまり「成熟した人間性」を育成するためのものです。

けれど、実際は龍神、天使とコンタクトを取るなど、現実離れをして「異世界」への憧れや、具現化、引き寄せだと思われています。

ご夫婦などで、どちらかがスピリチュアルという言葉に拒絶をするということもよくあることです。

わたしの家族も、皆様のご家族と同様に「大変、苦しい、不安」と3次元を生きていますので「スピリチュアル」は「宇宙に丸投げ、宇宙におまかせするから豊かさをください」のように現世的な利益を他力本願に求めていること、「ワクワクだけに進み、辛い事はやらない」など都合の良い現実逃避だと思っています。

けれど「統合」はメンタルトレーニングです。きちんと訓練をすることで根本的な意識の変容を起こしていきます。

その結果自分は**完全なる価値のある存在だと想い出し、完全なる自己受容**で生きることになります。

マスターたちも、天使も、龍神も確かに存在しています。

わたしも彼らと協働していますので存在を否定することはありません。

統合を起こして、人間性を高め、その先で必ず「マスターや天使たちは存在していたのだ」と知る時がきます。それこそ、自分で、はっきりと、マスターや天使が存在することを否定する必要はありません。

3次元を生きる人が、本当の自分を取り戻し、人間の感情のカラクリを知り、当たり前にマスターと協働して生きていく。

もうスピリチュアルとリアリティの分離も終わる時がきています。

◆あなたが上がるから現実が変わる

統合を起こすと現実は変わります。

わたしは現実を変えることを目的としていないのでここは強調しませんが、事実として「現実は変わります」

それはあなたが変わるからです。

あなたを取り巻く環境やあなたの友人は、あなたの鏡だと言われます。これは本当のことです。

あなたの中に雑味があれば、不足、不満をいつも抱えて「会社が悪い、社会が悪い、パートナーが悪い、友人が悪い」とあなたの世界は澱みます。

けれどあなたが純化されるに従い、あなたは自分を取り巻く世界の美しさに気付いていきます。

例えば太陽の光、月の輝き、友人の何気ない一言、こういった日常のささやかなことに「ありがとう」という気持ちが芽生えていきます。

そうしてあなたの発するエネルギーは、あなたの雰囲気となりあなたを創ります。

さらにあなたのエネルギーが現実を創り始め、いつのまにかあなたは宇宙の流れに乗り、大切な仲間に出会い、パートナーに出会い、ガイドやマスターたちと協働していくことになります。

あなたが変われば、すべては変わります。

【総復習】

☆ゼロの状態である努力、すべてを統合に使って生活をする訓練をしているか
☆決めているか
☆自分の状況を語り、誰かのなにかのせいにしていないか

☆すべての言動に対してまずは「統合」をして、より高い自分になるためにと表現をしているか

☆ゼロポイントを外に求めて探していないか、決められないままさまよって、疑っていないか

☆流されずに自分で選択し決めているか、願望を具現化するために動いていないか

☆自分軸と自分勝手をはき違えていないか

☆思考を止める訓練をしているか

☆分析の癖がでて統合を複雑にしていないか

☆統合を儀式とパフォーマンスにしていないか

☆どこかに答えを求めてさまよっていないか

☆ワークをすることに囚われていないか

☆統合しているのに「現実が変わらない」と現実を変える統合をしていないか、現実を自分の思う通りにとコントロールしようとしていないか

☆統合をはき違えていないか

☆しっくりこない人とはつき合わないで、しっくりくる人とだけいればいいとしていないか

☆一生懸命統合をしていないか
☆わたしが愛と調和になれば、家族も引き上がる、家族や周りのためになると外を掴んでいないか、気が付くと誰かのためとしていないか
☆自分や、自分ではない子供やパートナー、友人の状況を統合していないか
例外～シンボルとしてなら統合して良い～
☆現実にいる嫌いな人、苦手な人、お金など、現実を統合していないか
☆統合を引き寄せ、奇跡が起こるツールと勘違いをして、現実で起きることに一喜一憂していないか
☆人間ドラマをしっかりとやめるように意識を向けているか
☆言い訳でバイブレーションを隠していないか
☆いつも統合のその先を視て、自分の進む道を信じているか

◆すべてわたしの子供だと思った日

クンダリーニ覚醒をしてからも、ネガティブな感情はまだ湧き上がり「これはまだ目醒めていない、まだ先があるのだ」と思い、変わらずに毎日統合を起こしていまし

た。

そうして、わたしは「目醒めても目醒めなくても、もう一生統合を起こしていくのだ」と心から決めてしばらくした時、お風呂の中でいつものように統合を起こしていました。

いつもよりもハートの奥深い場所で統合が起こっているのがわかりました。奥へ奥へと統合が深まり、その瞬間「ぐるん」とハートがでんぐり返しをするように意識の乗り換えが起きました。

瞳を開いた時、わたしの世界は様変わりしました。

意識が何段も上がり、思考は完全にハートに納まり、視界は明るくなり、完全に「これまでとは違う場所にいる」と不思議な感覚になりました。

お風呂から上がったらいつものように主人はテレビを見て、トイプードルの桃もそこにいました。

夜、ベッドに入り再び統合を起こしていた時に、「この地球に生きとし生けるすべてはわたしの子供だ」と感じました。

街ですれ違う人も、電車で乗り合わせる人も、ニュースに出る人も、皆わたしの子供だと感じたのです。

目醒めのスタートラインでした。

目醒めたばかりの磁場はまだまだ弱く、うっかりすると地球の制限の中に戻ってしまいます。

目醒めに終わりはありません。

地球の制限の磁場は重く、エゴが共鳴を始めたら簡単に現実に意味を見出していきます。

ある程度のところに上がるまでは自分を律し続けます。そのうちそれが癖になり、今度は目醒め続ける楽しさで一杯になります。

わたしはほとんど毎朝、更に次元上昇します。時間はだいたい朝の4時ごろです。

ある明け方ハートがグルグルと回転をしているのがわかりました。

意識を向けるとハートの中に宇宙があり、宇宙が大きく躍動しています。

わたし自身はとてつもない幸せに包まれています。宗教的な「忘我」「脱魂」といわれるのはこれか、「エクスタシー」と表現されるのもよく理解できました。

わたしたちはいかようにも進化します。

あるところまで進むと、もうその先へ行くしかありません。

わたしはもう3次元に戻ることはありません。

でもフワフワと漂うのではなく、悟りながらもしっかりと地に足をつけて生きると決めています。

〜悟り〜
その先の真実へ〜

◆新時代の悟り

わたしたちは一つの意識を共有しています。２０１８年3月21日の明け方、わたしは目覚めと眠りの狭間の中にいました。

まどろみの意識の中、深い藍色の暗闇の中に光が視えました。光には強弱があります。

光が人々の発する光とわかり、近づいていくと、強い光は目醒めようとしている光、弱い光はまだ人間を生きている光と知りました。

わたしが一つの光に意識を向けると、その光の意識がわたしに流れてきます。

「わたしはあの時こう思っていたけれど、あの人はこう思っていたんだ」

また別の光に意識を向けるとその光の意識がわたしに流れてきました。

「そうだったのか」

わたしはここですべての光に自分の意識を合わせてみました。そうしたらすべての意識がわたしに流れてきました。

初めてのワンネス体験でした。

どこまでも広がる意識。

思い返してください。あなたがこれまで護られてきたこと。

わたしたちは覚醒の道を自分で記して来たのです。

初めて、皆に自分の考え方があるのだとわかった時、誰の考え方も変える必要はないのだと知りました。

もう一つ、皆が今を精一杯生きているということも知りました。

統合は魔法ではなく、「しなやかで柔軟な、落ち着いた成熟した人間性を創る手法」だと長年の統合を通して感じてきました。


ある時に「友人が体調不良で入院しているのですが、そこに意識を向けるのは外向きですよね」というご質問がありました。

「自分と人の人生の学びは違う。その人は自分の人生を生きているから、体調不良に意識を向けるのは外向きだ」ということだそうです。


わたしならば、まず「可哀想、気の毒」という思いを手放します。

同じ１００の力がある魂が、大いなる魂の計画の元で選んでいる今回の経験に対して「可哀想、気の毒」と思うのは相手には力が無いと決めつけているからです。

その上で、大切な友人が体調不良で入院をしているという現実があるならば、「わたしがそうしたいから」お見舞いに行きます。

「(わたしがそうしたいから)何か欲しいものはない?」と聞き、「(わたしがそうしたいから)必要なら洗濯などもするね」と伝えます。

これが表現です。

相手が「来なくていい、何も欲しいものはない」というなら「わかった。そうなのね」と相手の生き方を尊重し、「がっかり、期待、執着」など何か不快な感情が上がれば統合を起こして自分を整えます。

流れる様にしなやかに、平和な自分軸で愛と調和と感謝で心地良く少しポジティブに生きて行く。

大切なのは「今ここを生きる」意識。

わたしは目醒めても、「今ここ」の「現実」を生きています。

皆さんと同じ日常を見ています。

掃除をして、仕事をして、お散歩をして、スーパーに行き、食事を作ります。

何が違うのかというと「いつも自分を視てスッキリしているか、重さはないか」と確認していることぐらいです。

スッキリしているなら、もっとスッキリしようと思います。重さがあるならばきちんと手放してしっくりと心地良い行動をします。

わたしはどの瞬間も今を生きて、いつも穏やかで平和でいたいのです。

「今ここ」は出来事ではありません。

「今この瞬間の自分の心」のことです。

現実を目の前にした時の刹那《せつな》。

この瞬間を愛で調和で満たしたいと思っています。

そうして、目の前の日常を大切にして、地球を愛して生きていきたいのです。

関わる人も関わらない人もすべての方の生き方に敬意と祝福を。

わたし自身がいつも誠実で愛で在ることが、どんな言葉を発するよりも大切なことだと知っています。

◆世界が嘘でイリュージョンだとしても

この世界はすべて嘘で、イリュージョンで、出来事はスクリーンという言い方があります。

真実は一つしかありません。真実をどのように表現するかの違いです。

わたしはすべてを知ったからこそ、ここが嘘の世界で、イリュージョンだとは思っていません。

わたしの見る世界には、わたしの家族が、母が、弟家族が、大切な仲間がいます。その他にも関わることはなくても、自分の人生を精一杯生きている方々がいます。

自然が溢れ、鳥や蝶々などのたくさんの動植物がいます。

自分で真理を知った時に、現実は嘘でイリュージョン、スクリーンという「上澄みのような浅い言葉」ではなく、この世界のすべて、そしてここで共に生きる人々の尊さに魂が震えました。

言葉にできないほどの「雄大な愛の世界」がここにはあります。

この「雄大な愛」が「無条件の愛」だと知りました。

あなたが自分で真実を知った時には、きっと宇宙と地球を抱きしめてキスをしたくなるでしょう。

そうしてあなたはその先で、「もう決して誰も傷つくことがありませんように、世界中のすべての命が永遠に幸せでありますように」と心から願うでしょう。

◆変わるのは自分

たくさんの人が、自分の気持ちに正直に生きることができないでいます。

人の顔色、噂話、誰かからの評価を気にして生きている。

空気を読むという言葉が当たり前。

親の期待、学校、会社、社会では、「仲間外れにされるくらいなら自分を失くしたほうがましだ」と自分を封印してきました。

「本当の自分がわからない、苦しい、どうしたら良いのかわからない、周りの人に変わって欲しい。周りが変わってくれたらわたしは幸せになれる」と皆が思っています。

周りはそのままで、あなたは自分を取り戻し、最高に幸せになる方法があります。

これまで、自分はそのままでなんとか周りに変わって欲しいという思いが先行していました。

セッションをしていても、「なんとか相手を変えてください！」というお悩みを聞きますが、変わるのはあなたです。

お子様や、パートナーに関するお悩みですと「この子を、主人を変えてください」と言われます。「変わるのはあなたですよ」とお伝えすると「そんな難しいことはできません」とおっしゃいます。

「あなたは自分が変わるのは難しいのですよね。その難しいことをお子様やご主人にやりなさいと言っていらっしゃるんですよ」とお伝えします。

どのような相手でも、それぞれの学びがあります。

あなたは自分に集中して、自分を取り戻していくことしか、今を変える方法はありません。

幸せになるカラクリはもうわかっています。

少しのメンタルトレーニングとステップとコツがあります。

トレーニングの過程であなたは、ご自身の中の愛と豊かさに気付き続けていきます。

世界中のすべての人が、自分を取り戻し、今生きているここが「雄大な愛の世界」であったと想い出す。

魔法ではなく、夢物語ではなく、すべての人が自分を生きる資格があるのです。

◆あなたが動くから、誰かの宇宙が動く

例えば今、あなたがコンビニエンスストアーに買い物に行こうとする。

あなたが家を出て、お店に行くとあなたの宇宙が動く、あなたを迎えるレジ打ちの方の宇宙が動く、あなたが買い物をするから物流が動く、物流に携わる人の宇宙が動く。

いつも平和で、自分を心から愛し、誰かの人生を尊重し敬意を払うあなたのエネルギーが動くから、あなたの周囲の人のエネルギーも共鳴する。

ある場所で蝶々が羽ばたき、それがいつかどこかで大きな竜巻になるかもしれない。

蝶々は誰かのために羽ばたいているのではなく、蝶々は自分のために羽ばたいている。

わたしたちは、深いところで皆繋がった存在、だからあなたはまずは自分のために大きく動いていくのです。

先日、アメリカで黒人の方が警察の無理な暴行により亡くなり、そのために各地で暴動が起きました。その映像をテレビで見ていた時にわたしは「これでは変わらない」と思いました。

けれどその数日後、亡くなった方の弟さんが「平和的なデモを、平和的な解決を」と訴えたことで、暴動だけでなく、警察の在り方、古い制度の見直しなど、これまでにないくらいに時代が大きく変わろうとしているのをあなたもご存知だと思います。

わたしがセルフ・アウェイクでずっとお伝えしていることは「あなたが平和でいてください」ということだけです。

わたしのところにいらしてくださる方はとても優しく、すべての方の幸せを願っています。

出来ることなら「魔法の杖」で自分も周囲の人も一瞬で「愛と調和」に変えてしまいたいと思っていることでしょう。

そんな魔法があるのであれば、誰かがとっくにそうしているはずです。

唯一、すべての人が「愛と調和」へと戻る「鍵」はあなたが平和であることです。

そのためにあなたがまずは変わってください。

平和である人々がある時に臨界点を越えて、世界を覆う様に、一匹の蝶々が羽ばたきバタフライ・エフェクトを起こす様に、あなたが自分を平和へ整えて、すべての出来事を「完全である」という視点からみてください。

◆わたしたちを苦しめるものは

人間を人間たらしめるもの。わたしたちを1番苦しめるものは「期待」です。

人間は期待で出来ていると言っても過言ではありません。

挨拶一つをとっても「挨拶をしたら返してくれるはず」という期待が「挨拶をしたのに、返してくれない」「明日には風邪が治るかと思ったのに治ってない」「電車が時間通りに来ない」「こんなに頑張ったのに評価されない」「思い通りにいかない」これらはすべて「期待」がひっそりと潜んでいます。

「わたしがしたいから」という潔さ、そしてそれは統合のその先である「あなたが在りたい状態、つまり愛、調和、感謝、祝福」という波動に向かうためという清々しさが大切です。

統合と引き寄せが違うのは引き寄せには「期待」が含まれるところです。

あなたが引き寄せの世界で、誰かが、「仕事が順調でお金も豊かで欲しいものはなんでも手に入る」というのを見たら、「うらやましい」わたしもそうなりたいと期待し、優劣が生まれ、苦しみを生みます。

「期待」という感情を理解して手放せば、「そうしたい」という軽やかさの元でたくさんの可能性を生きることができます。

成功、失敗、損得のない生き方はとても楽です。

肉体を持っているわたしたちは「統合という土台」をしっかりと創り、「統合のその先」を見据えて、どこまでも軽やかに表現して本質の自分に一致していくことができるのです。

わたしはこれを「ニューバランスの生き方」と言っています。

◆悟りは真実を知ること

わたしたちは一つの意識を共有し、地球で存分に体験と経験をさせてもらっている仲間です。

その視点からみると本当はもうすべて完成していて、宇宙を含め、まるで一枚の美しいスカーフのようです。

一瞬、一瞬このスカーフの柄はわずかに変わります。

このままでも充分に美しい世界ですから本当は何も変える必要がないのです。

けれど宇宙のサイクルの中わたしたちもこのスカーフの柄をより美しいものへと大きく変えて行く時がきました。

あなたの手には「目醒めのシナリオ」が握られています。

もう人間として出来事に意味付けをして右往左往する時は終わりました。

ここから先は「統合のその先」だけを視て「目醒めのシナリオ」を生きていくのです。


「わたし」はいません。

あるのは大いなる意識です。

ここで考え、行動をしているのは「意識」です。

本当のわたしは「意識」です。

時間と空間はありません。

それは幻想です。

すべてはこの瞬間に起こり、無条件の愛の元に完了しています。

そうして、この瞬間も幻想です。

ゼロの世界だから、あなたが自在に彩ることができるのです。

この位置からあなたは何物にでもなることができるのです。

逆に何物にもなる必要はなく、あなたはすでに完全に完成しています。

◆美しく生きる

「あなたが目醒めて生きる」それだけがわたしの願いです。

目醒めて生きるとは「自分で物事を正しく視て、自分で選択し、自分で決めて純粋な愛に基づいて表現・行動すること」です。

これから大きく時代が変わります。

誰かに頼り、誰かの指示を待つのではなく、自分はどうしたいのか、どうしたら良いのかと自分に問う、自己責任という生き方が大切になります。

わたしは「現実」から離れて、あなたがどういう感情を使っていたのかを知り「一つの平和」という感情に整え「誰もが目醒めに至ることができるメソッド」を構築しています。

あなたはこのメソッドのステップを上がりながら、ステップとステップの間の空白を埋めてください。

つまり、一段のステップを上がり、次のステップを上がるまでの間にたくさん気付いて欲しいのです。

その気付きがあなたの真実となり、あなたはもう後戻りはしないからです。

この大転換期にわたしはパソコンに向かいながら窓の外を視ています。

青空には天使の羽根のような美しい雲が舞っています。

新型コロナウイルスの騒動の中、まだ手入れのされない街の木々は新芽を空へと伸ばしています。

雨で地面の汚れは流されて、空気が澄んで、木の葉はきらめき、枯れていた道ばたの雑草はたくましく育ち始めています。

近所には保育園も学童保育もあります。教室内からは元気な声が聴こえてきます。
しばらくしたらわたしたちの世界は様変わりします。
その時にあなたはしっかりと地に足をつけて「平和」でいてください。
さぁ、今日も至上最高に美しいあなたで一日を始めましょう。

おわりに

苦しみも、悲しみも、喜びももすべての感情のカラクリはもうひも解かれています。

ここから先はあなたがどう生きていきたいか、それだけです。

あなたがただ平和で愛で在りたいと思うならば、喜びとともにその一歩を踏み出してください。今、あなたの美しい人生が始まります。

～自分に一致する音声ワーク～
～映像特典～

◆ ワーク❶（自分に制限をかける有刺鉄線から抜けるワーク）➡ P50

《特典① ～自分に制限をかける有刺鉄線から抜けるワーク～》

https://one-spi.or.jp/lp/tokuten-2/index.html

◆ ワーク❷（マカバ統合）➡ P117

《特典② ～マカバ統合～》

https://one-spi.or.jp/lp/tokuten-2/tokuten2.html

◆ ワーク❸（コマンドをかけて手放すワーク）➡ P188

《特典③ ～コマンドをかけて手放すワーク～》

https://one-spi.or.jp/lp/tokuten-2/tokuten3.html

◆ 映像特典

https://one-spi.or.jp/lp/tokuten-2/movie.html

内山エナ
OL、専業主婦を経て普通の生活から統合に出会う。
自ら実践し試行錯誤しながら目醒めた人生を体現する。
だれでも簡単に覚醒する目醒めへのステップを確立し
現在は人々を目醒めへと導くリーダーへ。
彼女の元には10代から80代とあらゆる世代が集い、
彼女の親身でわかりやすい指導により、
目醒めの人生を歩み始めている人々が続出している。

Self Awakening

エナの超シンプルな生き方 STEP2
〜悟り〜その先の真実へ〜

第一刷 2020年9月30日

著者 内山エナ

発行人 石井健資

発行所 株式会社ヒカルランド
〒162-0821 東京都新宿区津久戸町3-11 TH1ビル6F
電話 03-6265-0852 ファックス 03-6265-0853
http://www.hikaruland.co.jp info@hikaruland.co.jp
振替 00180-8-496587

本文・カバー・製本 中央精版印刷株式会社

DTP 株式会社キャップス

編集担当 河村由夏

ISBN978-4-86471-917-9

自分を取り戻していきます。

これまで、どのような手法でも悟りを得ることができなかった、まったく初心者で何もわからない、自分には無理だと思っている、どのような方も100％の力をお持ちです。

「見たこともない自分に到達してみたい」その気持ちで充分です。そこから先はステップをお伝えしますので、ご一緒に進んでいきましょう。

「自分至上最高の自分に出会う旅」へ。

皆様にお会いできますことを楽しみにしています。

日時：［全４回コース］2020年11月８日（日）／12月６日（日）／
2021年１月17日（日）／２月13日（土）
各回 開場 11：30　開演 12：00　終了 16：00
料金：165,000円［全４回分］※オンライン配信なし
定員：20名
会場＆申し込み：ヒカルランドパーク

神楽坂♥《ハート》散歩
ヒカルランドパーク

【超特急】セルフ・アウェイク 統合 エンライトメント(覚醒)
〜あなたを超特急で目醒め・覚醒へと導きます〜

講師：内山エナ

こんにちは内山エナです。

この度、わたしがお伝えしているメソッド「セルフ・アウェイク 統合 エンライトメント（覚醒）」クラスを開催させていただく運びとなりました。

今、たくさんの方が生きにくさを感じ、その中で、本当の自由、本当の豊かさ、そして本当の愛を模索しています。

わたしたちは、愛、豊かさを、「愛する人がいるから、人から愛されるから愛に満ちている、お金があるから、物質に恵まれているから豊かである」と思い込んでいます。

それらは、何かと引き換えの条件付きの愛や豊かさです。

あなたの中にすでにある神聖な意識を体現し、いつも平和で愛に満ち、豊かな心で生きることは幻想ではないのです。

情報が溢れている世界で、簡単に洗脳されて、自分の力と真実を見失い、難破船のように漂っているのが、今のわたしたちの生き方です。

ワークショップでは、現実という世界の中で「自分で選択して、自分で決めて、進んでいく力」を養うと共に、本質の愛、豊かさへと目醒めていきます。

わたしは、とてもリアリズム（現実主義）です。

悟り、目醒めを通して、現実ほど、色彩豊かで、たくさんの命が輝かく美しい世界はないと思っています。

今ここを存分に生きて、あなたの心の空間を愛と豊かさで満たして生きて行く。

段階を踏んで価値観を変えていく「セルフ・アウェイク」であなたはこれまで見たこともない、知るはずもなかったあなたの真実に目醒め、覚醒を得たエナさんがあなたの疑問や質問に全てお答えいたします。

エナさんに必ず質問できる少人数制のお話会。この世に偶然はありません。その日に集まるメンバーやその日に聞くお話はあなたにとって大切なものになるはずです。

新しい視点を得ると、あなたの波動は変化し見える世界も変わります。

日頃の疑問を解決し、軽やかに次のステージへと進みませんか？

エナさんに答えられない質問はありません。あなたの疑問に内山エナさんが親身に答えてくださいます。

また高い波動に触れると気づかないうちに変化が促進されることもあります。

エナさんとお会いするだけで何か気づきを得るかもしれません。

この機会をどうぞお見逃しなく。

日時：2020年11月29日（日）／12月12日（土）
時間：11：00～13：00／14：00～16：00の２枠
料金：各 8,800円　※オンライン配信なし　定員：17名
会場：イッテル珈琲　申し込み：ヒカルランドパーク

神楽坂♥《ハート》散歩
ヒカルランドパーク

☆ エナさんとお話する会 ☆
～教えてエナさん～

講師：内山エナ

こんにちは内山エナです
この度、小さな疑問質問にお答えする、カジュアルなお話会を開催させていただくことになりました。

わたしがお伝えしている「セルフ・アウェイク 統合」を起こして感情を整えていく手法は日々の中で行なうものですが、生活をしていると、人と関わっているとどうしても「こんな時はどうしたらいいの」や「どう考えたらいいの」という疑問が湧いてきます。

目醒めや悟りには大切なポイントがあります。しっかりと頭でも理解して、腑に落とし、実践することが大切です。

自分の感情や考え方に気付き、自分を覆っている鎧を脱ぎ、心身ともに軽やかに自由になっていく道はこれまでの人生では感じたことのない、至福に満たされます。

もしわたしがこの手法に出会っていなかったら、今も人間関係に悩み、自分の思い通りにならない世界に不満を言い、硬い殻の中に自分を押し込み苦しみ続けていたはずです。

わたしの本に出会う方は、たくさんの自己啓発や、様々なヒーリングで心を整えていこうと真摯に向き合っていらした方です。

これまでの経験がすべてパズルのピースのように揃い、自分の力を取り戻し、自分の足で立つ心地良さを想い出して欲しいのです。

まずは小さな疑問や質問を解消する機会として、皆様とお話をさせていただければ幸いです。

内山エナ

携帯アプリを使う

携帯電話のアプリでラジオを聴く方法

① iOS（iPhone など）は左の QR コード、アンドロイド携帯は右の QR コードから Voicy 専用アプリにアクセスします

App Store からダウンロード　iOS

Google Play で手に入れよう　Android

②「Voicy」アプリをダウンロード（インストール）します

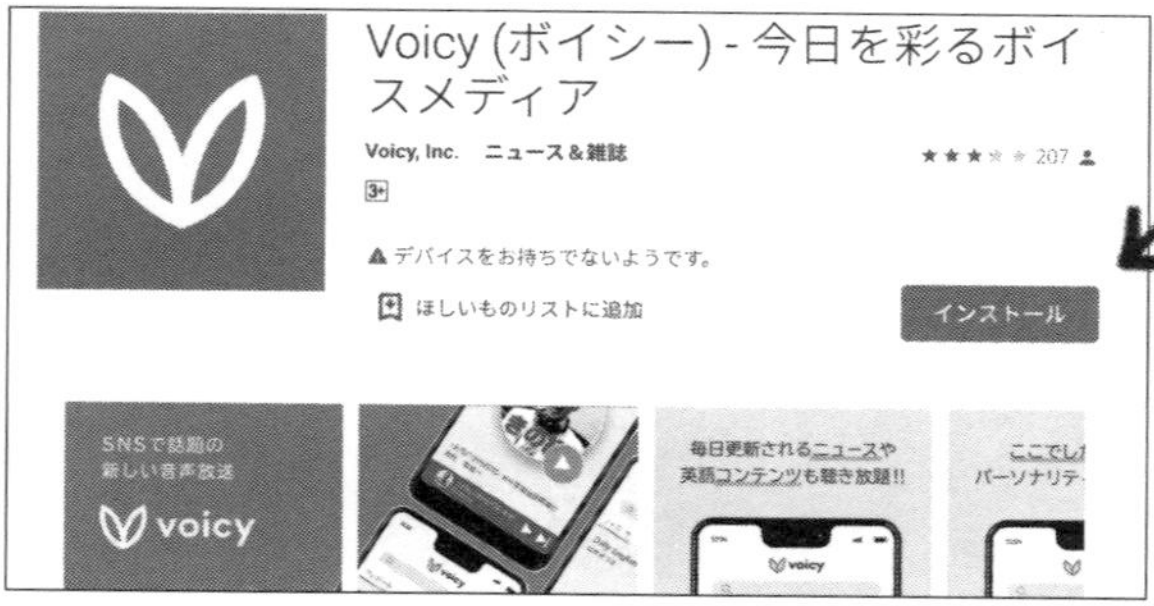

③「イッテルラジオ」で検索すると番組が出てきます
フォローすると更新情報が表示されて視聴しやすくなります

検索バーで「イッテルラジオ」を探してみてね

フォローしてくれると石井社長が泣いてよろこぶよ

リスナーさんからのコメントや質問も大歓迎! 毎朝8:00に「イッテルラジオ」でお会いしましょう♪